교사에서 학생으로 되돌아가는 시간
나 혼자 준비하는 교사석사 파견

문준식 김학용 지음

북트리

나 혼자 준비하는 교사석사 파견

초판 1쇄 인쇄 2022년 07월 28일
초판 1쇄 발행 2022년 08월 12일

지은이 문준식, 김학용

편집 김지홍
디자인 조혜원

펴낸곳 도서출판 북트리
펴낸이 김지홍
주소 서울시 금천구 서부샛길 606 30층
등록 2016년 10월 24일 제2016-000071호
전화 0505-300-3158 | 팩스 0303-3445-3158
이메일 booktree11@naver.com
홈페이지 http://booktree11.co.kr

값 13,800원
ISBN 979-11-6467-111-3 13370

· 이 책은 저작권에 등록된 도서로 저작권법에 따라 무단전재 및 복제와 인용을 금지합니다.
· 이 책 내용의 전부 및 일부를 이용하려면 저작권자와 도서출판 북트리의 서면동의를 받아야 합니다.
· 잘못된 책은 구입하신 서점에서 바꾸어 드립니다.

교사에서 학생으로 되돌아가는 시간
나 혼자 준비하는 교사석사 파견

문준식 김학용 지음

북트리

목차

머리말　　　　　　　　　　　　　　　　　　　　　007

PART1.　교사들과의 인터뷰

제1장　한국교원대학교 파견교사　　　　　　　　012
제2장　공주대학교 파견교사　　　　　　　　　　033
제3장　한국교원대학교 박사과정 교사　　　　　　048
제4장　강원대학교 파견교사　　　　　　　　　　054

PART2.　왜 교사석사 파견 실시하고 있나?

제5장　교사석사 파견 법적근거 및 지원자격　　　064
제6장　교사석사 파견에서 기를 수 있는 역량　　　069
제7장　교사석사 파견을 바라보는 시선들　　　　　075

PART3. 교사석사 파견 전, 알아야 할 것

제8장 일반대학원, 교육대학원? 파견, 휴직, 일학업병행? 080

제9장 준비는 빠르면 빠를수록 좋다 084

제10장 자신에게 유리한 대학과 전형 정하기 092

PART4. 교사석사 파견 전, 해야할 것

제11장 자기소개 및 연구계획서 작성 099

제12장 기출 문제 섭렵하기 106

제13장 시험 준비 시간 확보하기 109

PART5. 교사석사 파견 생활

제14장 전일제? 주5일 출근? 급여? 113

제15장 석사 파견 학교생활 118

제16장 대학원 수업사례 123

PART6. 논문 작성하기

제17장 논문 주제 정하기   132

제18장 논문 쓰기   136

제19장 학위 논문 진행 절차   139

부록 1.
2022학년도 한국교원대학교 전기대학원 특별과정 시도별 지원자격   145

부록 2.
논문계획서 및 연구계획서 예시   156

머리말

"학부 출신대학이 아니어도, 혼자서 준비해도
석사 파견을 갈 수 있다고?"

석사 파견을 지원하겠다고 하니 교감, 교장선생님 모두 그 대학 출신이냐고 제일 먼저 물어보셨다. 아마도 학부출신 대학에 석사 파견을 지원하면 선발에 더욱 유리하다고 생각해서서 출신대학을 물어봤을 것이다. 하지만, 요즘에는 출신대학이 어딘지 상관없이 석사 파견에 합격하는 경우가 다수 있다. 필자 중의 한 명은 출신대학이 아닌데도 합격하였고, 다른 필자는 석사 파견 온 동기 중에 자신만 제외하고 모두 다른 대학 출신이었다. 학부가 출신대학이 아니라고 미리 포기하여 석사 파견에 지원을 하지 않았다면 석사 파견은 영영 안된다고 생각했을 것이다.

최근 들어서는 석사 파견 교사가 대학원 수업을 듣고 논문을 작성하는 대학원생으로만 머무는 것은 아니다. 더 나아가 관학사업 즉 지역교육청과 대학 간의 사업을 지원할 수 있는 역할과 시도교육청의 현장연구를 지원하는 역할이 점점 강조되고 있다. 이는 각 시도교육청별로 현장연구를 기반으로 정책을 기획하고 실현하고자 하는 정책방향과 닿아있다. 따라서, 교사석사 파견은 대학원생으로 공부하며 지역의 교육발전에 이바지할 수 있도록 각종 현장연구를 수행하는 연수과정이기도 하다.

  석사 파견 모집요강에서도 석사 파견자의 역할, 근무조건 등이 점점 강화되고 있는 추세이다. 대학원 수업, 지도교수(또는 대학원 연구소)사업, 시도교육청의 사업 등을 요구하고 있다. 더 나아가 대학원 졸업 이후에도 시도교육청 사업에 참여해야 하는 조건을 걸기도 한다. 그런 만큼 석사 파견도 인맥과 출신대학보다는 지원자의 역량을 보려는 시도가 늘어나고 있는 것 같다. 시도교육청에서 선발하는 특차지원을 늘리거나 지원자 1차 심사를 시도교육청에서 하여 대학에 추천하는 경우가 많아지고 있는 것이다.

  이와 같이, 석사 파견자를 선발할 때 지인이나 출신대학보다 점점 지원자의 역량이 중요해지고 있다. 그럼, 지원자의 역량이라는 것은 무엇일까? 필자들은 석사 파견을 마쳤거나 파견 중이다. 한 명의 필자는 전공 시험과 면접을 봐서 석사 파견에 합격하였고, 다른 필자는 면접을 통해 석사 파견에 합격하였다. 면접을 통해 석사 파견을 합격한 필자는 그 대학 출신이 아니다. 전공 시험과 면접으로 합격한 필자는 그 대학 출신이었지만 전공 시험의 비중이 높았다. 즉 전공과 관련한 시험으로 당락이 결정되었다. 따라서, 지원자에게 필요한 역량이란 지원하고자 하는 전공에 대한 지식과 그 지식을 서술할 수 있는 능력, 연구 수행능력, 연구에 임하는 태도일 것이다. 석사 파견을 가고자 한다면 이러한 역량을 키우기 위해 노력해야 한다.

석사 파견을 지원했다고 하니 주변 선생님들 중에 몇몇 분이 '나도 예전에 한 번 지원해봤다'는 자기 고백을 하셨다. 지원했던 교사들은 많은데 막상 준비하려고 하니 실제적인 도움을 받을 곳이 없어서 참으로 막막했다. 석사 파견에 대해 궁금한 것도 많았지만 물어볼 사람이 없었다. 교육청이나 대학에 전화해서 물어볼 수 있지만 왠지 합격하지도 않았는데 유난이라고 말할까봐 꺼려졌다. 그래서 석사 파견에 관한 책을 만들어보기로 결심하였다. 아는 사람만 아는 어둠 같은 석사 파견에 관해 알려주는 나침반 같은 책이 되리라 생각한다.

교사에서 학생으로 되돌아가는 시간

PART1.

교사들과의 인터뷰

제1장 한국교원대학교 파견교사

> **<인터뷰 개요>**
> **일시 및 방법:** 2022.3.5.(토), 화상인터뷰
> **참가대상:** 한국교원대학교 파견복귀교사 2명, 파견 중인 교사 1명
> 인터뷰 참가자들의 의사대로 익명처리(A,B,C)하며, 인터뷰 내용 중 일부 수정함.

A

먼저 인터뷰 요청에 응해 주셔서 감사합니다. 파견을 다녀오신, 혹은 파견 중이신 다른 선생님들 이야기를 듣고 싶어서 이렇게 인터뷰하게 되었습니다.

B

저는 가정 과목을 가르치다가 한국교원대학교 대학원에서 파견 중이에요. 교육 심리 전공으로 지원했고 현재는 석사 2년 차예요.

C

저는 한국교원대학교 대학원에서 파견을 마치고 이제 막 복직했어요. 수학영재교육을 전공했고 현재는 중학교에서 수학을 가르치고 있어요.

A

선생님들께서는 왜 파견에 지원하셨나요?

B

선생님들이 대부분 표면적으로는 더 공부를 열심히 하고 싶다는 취지로 오셨지만, 사실 속내를 들여다보면 다 학교생활에 지치고 좀 더 자기 삶에 터닝포인트나 쉼이 필요해서 오시는 경우가 있는 것 같아요. 저도 마찬가지였어요.

저는 제 전공과목인 가정이랑 교육 심리 중에 어디를 갈까 고민을 했어요. 더 공부하고 재미있게 할 수 있는 과목을 하는 게 좋겠다는 생각이 들었고, 평소에 관심 있던 교육 심리에 지원했어요. 사실 지원할 때만 해도 될지 안 될지 몰랐는데 생각지도 못하게 붙어서 엄청 놀랐고 기뻤어요.

저도 이제 교육 경력이 10년이 넘었는데 친구들 같은 경우에는 이제 육아휴직 하면서 쉬었다가 학교를 나오기도 하잖아요. 그게 사실 쉬는 게 아니지만 제가 겉으로 봤을 때는 쉬는 것처럼, 그리고 학교생활을 약간 벗어날 수 있는 기회라고 생각했어요. 그런데 저한테는 그게 주어지지 않으니까 그러면 어떻게 하면 벗어날 수 있을까를 좀 생각했던 것 같아요. 그래서 이쯤에서 한번 교직을 떠나보는 것도 좋겠다는 생각을 좀 했던 것 같아요. 그래서 무급 휴직까지도 생각했는데 그건 또 너무 힘들어질 것 같아서 교원대에 지원하게 됐어요.

그리고 평소에 관심 있던 심리도 더 배워보자고 생각했는데 막상 와 보니까 제가 생각했던 심리가 아니라 교육 심리 쪽이고 또 교수님들에 따라서 공부할 수 있는 방향이 좀 달라 길잡이가 돼버리잖아요. 그쪽으로 공부하게 되니까 내가 관심 있었던 부분을 더 공부하려면 제 스스로의 역량이 필요하다는 걸 알게 됐던 것 같아요.

C

저도 우선은 쉼이 필요하다고 생각을 했었어요. 처음 발령받은 학교에서 4년을 근무했는데 그 4년 내내 반 학생들 때문에 많이 힘들어서 지쳤어요. 두 번째 이유는 막연한 궁금함이었어요. 그냥 어떻게 교직 인생을 살아갈까 고민하다가 주변에 친한 선생님 중에 파견을 먼저 다녀오신 분이 계셔서 그 선생님의 영향을 받았어요. 대학원이라는 곳은 무엇을 하는 곳이고 석사과정이라는 것은 무엇일까 하는 단순한 호기심이 있었어요. 5년 근무하고 파견에 지원해서 6~7년 차 때는 파견 생활을 해보고 싶다고 생각했어요. 세 번째는, 2년 차 때부터 수학교육으로 주변 다른 학교 수학 선생님들이랑 연구회를 하고 있는데 아무래도 연차가 많지 않으니까 수업에 대한 경험도 부족하고 수업을 보는 눈도 부족하다는 생각이 들었어요. 그래서 가르치는 것에 대해서 좀 더 배움이 필요하다고 생각을 했었거든요. 그런데 대학원에서는 뭔가 시간적인 여유를 갖고 전문적인 내용을 배울 수 있지 않을까 하는 기대로 지원을 하게 됐어요.

A

파견 준비는 구체적으로 어떻게 하셨나요? 파견을 준비하는 선생님들께 드리고 싶은 조언이 있다면 무엇인가요?

B

파견에 먼저 다녀왔던 선생님이 준비하는 방법에 대해 말을 해줬어요. 기본적으로 기출 문제가 중요하다고 해서 저도 일단 기출 문제 5년치 정도를 출력했어요. 전공 서적을 5개 정도 보라고 공지가 올라왔는데, 5개를 모두 보기에는 벅차겠다는 생각이 들었어요. 그래서 교수님들이 어떤 주제에 관심이 있으신지 알기 위해 교수님들이 어떤 논문을 쓰셨는지를 찾아봤어요. 교수님들의 관심 영역은 크게 두 가지, 학습 동기랑 자기 주도성이었어요. 그래서 5개 전공 서적 중에 이 둘과 관련 있는 것이 무엇인지 살펴봤었거든요. 그랬더니 2개 정도로 압축이 돼서 2권만 봤어요.

저는 코로나 덕분에 공부를 할 수 있었던 것 같아요. 원격 수업으로 전환되니까 대면 수업보다는 수업에 대한 부담이 줄어들고 학교에서 쓸 수 있는 시간이 많아졌어요. 그리고 교실도 비니까 빈 교실에 가서 원격 수업도 하고 공부도 했어요. 기출 문제를 분석하고 나서 한 달 정도 걸려서 책 한 권을 다 봤는데 내용이 너무 많아서 두 번째 책은 기출 문제에 해당되는 부분만 봤어요.

시험지를 받았을 때 문제가 거의 제가 공부한 내용에서 다 나와서 다

쓰고 나왔어요. 저희 전공은 파견 선생님이 5명밖에 없는데요, 공통적으로 드는 생각은 필기시험을 잘 본 건지, 못 본 건지는 잘 모르겠어요. 면접 볼 때 저희 5명은 그냥 편안하게 이야기를 했거든요. 그런데 주변 선생님들은 막 긴장하는 선생님도 계셨다고 하더라고요. 그냥 편안하게 준비하고 기출 문제 잘 보고, 또 가고 싶으면 떨어져도 계속하면 언젠가 붙을 수도 있으니까 부담 없이 도전해보는 게 좋은 것 같아요.

그리고 합격하고 난 후에 교수님들께 왜 저희를 뽑았냐고 여쭤봤거든요. 꼭 고득점을 받아야 합격하는 게 아니고, 교육청이랑 교원대랑 수급이 맞아야 된다고 하시더라고요. 그리고 선생님들은 성적을 중요하게 생각하겠지만 사실 성적은 비중이 크지 않다고 말씀하시는 거예요. 그러니까 수급이 중요한 것 같더라고요. 그래서 그 해에 운도 좀 필요한 것 같았어요. 수급이 어찌 될지는 모르는 일이니 기출 문제 분석하고 공부하는 것밖에 방법이 없는 것 같아요.

A
시험과 면접 중에 어떤 것이 더 중요하다고 생각하시나요?

B
저는 면접이 더 중요하다고 느꼈어요. 교수님이 교육 심리를 지원한 선생님들은 대부분 승진에 대한 욕심이 있어서 오신 분들이 아니고 학문에 대한 순수한 호기심으로 오신 분들이기 때문에 그 열정을 많이 보셨다고 하셨거든요.

그리고 교수님이 크게 의미 없는 질문이라고 하시면서 물어보셨던 질문 중에 재미있던 게 있었어요. 합격하면 어떻게 살 계획인지를 물어보셨는데, 처음에는 그게 무슨 뜻인지 몰랐어요. 합격하기 전에는 학교에 자주 올 수 있다고 했다가 막상 합격하고나면 집이 멀어서 못 오겠다고 하는 경우가 있대요. 통학, 기숙사, 자취 등 거주 형태도 물어보시는 게 의외였어요.

C

저도 파견에 먼저 다녀오신 선생님이 조언을 해주셨어요. 일단은 5개년 기출 문제를 출력해서 정답을 찾아가면서 외우면서 공부하라고 하셨어요. 오랜만에 전공 공부를 하려니 기억이 잘 안 나고 새롭기도 했는데, 조금씩 자주 보면서 암기하듯이 공부했어요. 그리고 교원대 수학교육과 학부생들 졸업 문제를 몇 개 뽑아서 풀어보라고 하셨어요. 10월 중순쯤에 시험이 있어서 9월부터 공부를 시작했고, 주로 퇴근 후에 공부를 했어요.

저도 면접 때 합격하면 어디에서 지낼 거냐는 질문을 받았어요. 그래서 기숙사에 들어가거나 학교 근처에서 자취를 할 생각이라고 대답했어요. 면접 질문들은 대부분 어렵지 않고 편안하게 대답할 수 있는 것들이었어요. 그래서 별로 떨지 않았고 파견에 합격하는 데는 필기시험이 절대적이라고 생각하고 있어요. 교원대 파견을 희망하는 선생님들께 저는

PART1. 교사들과의 인터뷰 17

필기시험 공부에 신경을 쓰라고 말하곤 해요.

A

파견 생활은 어떠셨나요? 파견을 앞둔 선생님들께 파견 기간을 알차고 의미 있게 보낼 수 있는 팁을 주신다면 어떤 것이 있을까요?

B

1학기 때는 전부 원격 수업이어서 집에서 수업을 들었어요. 그리고 2학기에는 부분적으로 출결 수업을 해서 3분의 1 정도는 대면 수업을 했어요. 확실히 대면 수업을 하니까 동기들도 만나고 교수님도 직접 봐서 더 재미있었고, 토론하면서 같이 이야기를 많이 하다 보니까 훨씬 좋았어요.

1학기 때는 집에서 혼자 보내는 시간이 너무 길어지니까 시간이 많아도 공부는 잘 안 됐어요. 처음에 제가 생각했던 것과 다른 영역을 공부하게 됐거든요. 그래서 교수님들이 주도하는 수업에서 교수님이 내주는 과제만 하기에도 저는 좀 벅찼어요. 저희는 수업을 3개 정도 들었는데 전공 2개 과목이 모두 영어 논문을 읽어야 했어요. 처음에는 영어 논문을 보고 이걸 어떻게 해야 되는지 몰라서 혼자 사전 찾아보면서 해석하고 이랬거든요. 근데 알고 보니까 구글 같은 사이트를 이용하면 번역을 해주는 게 있었던 거예요. 첫 3월에는 번역하느라고 너무 힘들었어요. 교원대 생활의 만족도가 너무 떨어지고 왜 이걸 했나 싶고 잠도 제대로 못 자는 수준까지 갔어요. 고3처럼 아침 7시에 일어나서 밤 12시까지 번역을 하고, 발표를 매주 2~3개씩 해야 했어요. 그리고 혼자 있으니까 소통할 사람이 없잖아요. 번역으로 과부하된 상태에 동기들 연락처도 모르니까 약간의 우울감도 생기고 힘들었어요. 그런데 번역기를 쓰면서부터는 '너무 열심히 하지 말자. 할 수 있는 데까지만 하자.' 이렇게 생각하기로 마음을 먹었고 그때쯤 동기들 단톡방이 열렸어요. 그래서 동기들한테 어떻게 지내시냐고 물었더니, 영어가 좀 수월하신 선생님은 너무 시간이 많아서 힘들다고 하셨고 또 저처럼 영어와 과제를 힘들어하는 분들은 "왜 하는지 모르겠다. 다시 복직하고 싶다"고 말씀하시는 분도 많았어요. 심지어 어떤 선생님은 파견 도중에 복직하는 방법에 대해서 찾아보시기도 했거든요.

  2학기 때 저한테 복병은 통계였어요. 너무 이해가 안 되더라고요. 저희는 실험 실습이나 설문조사 형태의 논문을 많이 쓰는데 둘 다 통계가 꼭 필요하다고 하시더라고요. 이걸 과연 내가 혼자 할 수 있을 것인가를 계속 고민하다가 동기 선생님의 도움을 받았어요. 통계가 어려웠지만 대면 수업에서 동기들을 만나서 해결이 되었어요. 직접 보고 이야기하고 함께 공부하는 것의 중요성을 새삼 깨달았어요.
  2학기 때는 기숙사에서 생활했는데요, 기숙사 생활이 공부하기에는 적합할 수 있어도 삶의 질은 떨어졌어요. 왜냐하면 너무 더러웠거든요. 아무것도 모르고 기숙사 신청을 했었는데 막상 가보니까 시설이 실망스러웠어요. 저희 중고등학교 때 엄청 오래된 숙소 가면 느끼는 그 느낌 있죠. 벽지도 너무 누렇고 뭐가 많이 묻어 있고 문에도 전단지나 배달 스티커가 너무 많이 붙어 있는 거예요. 그리고 처음에 딱 들어갔을 때 바닥이 너무 더러웠는데 슬리퍼를 미리 준비해서 다행이었어요. 화장실 변기는 때가 껴서 아예 까만 거예요. 손잡이도 막 비누 때가 묻어 있고 그래서 너무 쇼킹했어요. 그래서 그날 욕실을 혼자 2시간 동안 청소했어요. 그러고 나서 방도 청소하니까 기숙사 첫날은 피곤해서 아예 뻗어버린 거죠. 도서관은 시설이 좋아서 주로 도서관이나 연구실에서 생활했어요.

또 저는 다른 사람과 한 번도 방을 같이 써본 기억이 없어요. 자라면서 초등학교 때나 동생이랑 써봤지 그 이후로는 써본 적이 없는데 룸메가 코를 고는 거예요. 몸은 호리호리한데 코는 거의 아저씨 급으로 골아서 소리가 귀마개를 뚫고 들어오더라고요. 그래서 한 2주 정도를 못 잤어요. 이것 때문에 고민이 많았는데, 사람은 적응의 동물이라고 하잖아요? 한 2주 지나니까 잠이 오더라고요. 거기서 뭐 먹기도 하고. 사람은 다 적응하는구나 싶더라고요. 아무튼 기숙사는 제 인생에서 참 특이한 경험이었던 것 같아요. 기숙사에 들어가시려면 내가 남들과 조화롭게 잘 지낼 수 있는 것도 중요하지만 나의 청결도를 낮출 수 있는 것도 중요한 것 같아요. 다행히 내년에는 기숙사 리모델링 착공한다고 하더라고요. 2025년에는 완공이 되니까 그 이후에는 깨끗한 기숙사를 쓸 수 있을 거예요.

C

말 나온 김에 기숙사 이야기를 먼저 할게요. 저는 첫 1년 동안은 계속 집에 있다가 세 번째 학기에 기숙사에서 살았어요. 기숙사 가기 전에는 짐을 싸고 짐 한가득 차에 싣고 가면서 기대를 했어요. '학교 풍경은 어떨까, 룸메이트랑 같이 사는 기분은 어떨까, 다시 학부 시절로 돌아간 기분을 느껴볼 수 있을까' 이런 생각 때문에요. 기대를 품고 2시간 반을 운전해서 기숙사에 도착했는데 생각했던 것보다 시설이 너무 낡아서 기분이 확 암울해지는 거예요. 학부생 때도 낡은 기숙사에서 살긴 했는데, 직장인이 되어서 그런 기숙사에 들어가려고 하니 아무래도 좀 낯설게 느껴지더라고요. 그리고 화장실에 가보니까 세면대가 붓으로 먹물을 칠해 놓은 것 같더라고요. '여기 서예를 하시는 분이 있는 것도 아닌데 왜 세면대가 까맣지'라고 한참을 생각하면서 도착해서 바로 청소를 했어요. 청소를 하니까 좀 안심이 되더라고요. 한 1~2주 지내면서 기숙사에 적응이 됐고, 기숙사가 썩 쾌적하지는 않다 보니 오래 머물지는 않았고 집에 자주 내려갔어요. 그래도 동기들과 함께 생활했으면 기숙사에 사는 것도 괜찮은 것 같아요. 동기들 없이 혼자 기숙사에 있으려고 하다 보니까 나 혼자 있는 게 무슨 의미가 있나 싶었어요. 그렇다고 교수님을 자주 만나는 것도 아니고, 연구실에 가는 것도 아니고, 공부는 오로지 기숙사에서만 하게 되니까 집에서 공부하는 거랑 기숙사에서 공부하는 거랑 별반 차이가 없다고 느꼈던 거죠. 동기들이 함께 기숙사에 산다면 기숙사에서 사는 것도 좋을 것 같아요.

지금 돌이켜보면 파견 생활은 정말 좋았어요. 여유 있는 시간이 행복한 기억으로만 남아 있어요. 우선 조금 팁을 드리자면 공부 이외에 자기가 그동안 하고 싶었던 것 1~2가지를 정해서 꾸준히 해보는 게 좋을 것 같아요. 저는 파견 기간에 가장 많이 했던 두 가지가 책 읽는 거랑 수영이었어요. 시간이 없어서 못 읽었던 다양한 책들을 읽어볼 수 있는 시간이 있었다는 것, 수영도 매일 하니까 접영도 할 줄 알게 됐다는 것. 개인적으로는 이 2가지가 파견 기간에 얻은 수확이었어요.

그리고 입학하면 처음 3~4월쯤에 본인이 전공의 어떤 분야에 관심이 있는지를 학술지 논문들을 찾아보면서 탐색을 해보고, 관련 분야를 전공하시는 교수님은 누구신지 먼저 파악하는 게 중요한 것 같아요. 저는 그러지를 못해서 지도 교수님 매칭에 아쉬움이 있었어요. 수학교육과에서는 수학내용학 전공 교수님들이 많이 계시고 수학교육학 전공 교수님들은 적은데, 학생 대부분은 수학교육학 전공이라 매칭에 아쉬움이 있을 수밖에 없더라고요.

첫 학기 때는 그냥 아무 생각 없이 올라오는 수업 영상 보면서 쉴 땐 쉬고 공부할 땐 공부하며 지냈는데, 두 번째 학기 되면서 논문에 대한 스트레스를 받았어요. 전혀 정보를 얻을 수 없다는 게 힘들었어요. 아무래도 코로나 때문에 동기들끼리 만날 수도 없고 연락처도 모르니까 이 시기에는 뭘 해야 되는 건지, 어디서 논문을 봐야 되는 건지, 어떤 논문을 봐야 되는 건지, 어떤 식으로 논문을 찾아서 봐야 되는 건지 등에 대한 막막함이 컸어요. 아무것도 몰라서 느끼는 두려움, 이것 때문에 많이 힘들었어요. 그래서 웬만하면 빨리 동기들이랑 소통을 시작하면 좋아요. 그리고 1~2학기 정도는 교원대에 직접 머물면서 대학 생활을 해보는 것도 추천해요. 이제 다시는 없을 기회일 테니까요.

마지막으로 여름방학, 겨울방학 때 교육대학원 수업을 청강해보는 것도 좋아요. 정규학기엔 지도학생 제한으로 듣지 못했던 수업을 들을 수 있으니까 좋더라고요.

A

주제 선정, 실험, 논문 작성, 발표 준비와 같은 논문을 쓰는 과정에서 어려웠던 점은 무엇인가요? 논문을 앞둔 입장에서 걱정되는 점은 무엇인가요?

B

저희는 1~2학기 때 과제로 소논문 쓰기를 했어요. 저는 원래 학습 무기력 쪽에 관심이 있어서 그걸 주제로 쓰려고 했는데 교수님들께서 학습 무기력 쪽은 이미 연구가 많이 진행돼서 그 위에 조그만 돌을 하나 얹기가 정말 힘들 것이라고 말씀하셨어요. 또 제가 연결시켰던 여러 가지 개념들의 관련성이 너무 많기도 해서 굳이 할 필요가 없을 것 같다고 생각했어요. 그래서 이번에는 과목을 연계했을 때의 흥미도 같은 것들을 주제로 잡았는데 이 분야는 너무 연구가 부족해서 하기 힘들 거라고 말씀하시더라고요. 그리고 실험 실습 같은 논문은 박사 과정에서 하는 게 좋고, 2년이라는 파견 기간 안에 석사 논문을 쓰려면 실험 실습보다는 기존에 있는 논문에 살짝 얹는 정도가 좋다고 말씀하시는 거예요. 연구가 많이 된 분야도 안 되고, 연구가 너무 안 된 분야도 안 된다고 해서 어떻게 해야 될지를 모르겠더라고요.

최근에는 교육 심리에 어떤 분야가 있는지 살펴봤더니 메타인지도 있었어요. 그리고 제 전공과목인 가정은 원래 이과 과목이거든요? 교육 심리에서 이과는 거의 수학, 물리 쪽을 많이 연구하고 문과는 영어를 많이 연구하더라고요. 그런데 가정 과목이 이과인데도 이과 성향의 아이들보다는 문과 성향의 아이들이 가정 과목을 더 좋아하는 경향을 보이거든요. 왜 이런 현상이 일어났을까를 생각해 보면 교육 방법에 문제가 있지 않을까 싶어서 이쪽에도 관심이 있어요.

정리하자면 논문 주제를 정할 때는 연구가 너무 많이 된 것도, 연구가 너무 안 된 것도 좋지 않아서 적절한 분야를 찾는 것이 중요해요. 그리고 자신이 관심이 있는 것이 무엇인지를 끊임없이 고민하고 찾아야 해요. 저는 논문에 대한 수업을 들으면서 교수님이 말씀해주시는 논문 쓸 때의 팁을 따로 모아놨어요. 그걸 보면서 하면 또 도움이 되긴 하더라고요.

논문을 앞두고 있는 입장에서 저는 큰 기대를 하고 있지 않아요. 어떤 사람들은 자신이 쓴 논문을 학술지에도 올리려고 노력하더라고요. 저도 처음에는 열심히 하려고 했었어요. 그런데 너무 열심히 하니까 제가 소진되는 느낌이 들면서 진이 빠지더라고요. 그래서 요즘에는 '할 수 있는 만큼만 하자. 안 되면 어쩔 수 없지. 논문은 어떻게든 되겠지.' 이렇게 편하게 마음을 먹기로 했어요. 제가 교육 심리에서 엄청난 업적을 이루고자 하는 사람도 아니고, 궁금한 내용 공부하면서 논문 마치고 돌아가는 것으로도 충분하지 않을까 생각해요. 조금 걱정되는 점은 교수님들이 계속 깐다고 하더라고요. 그래서 논문 주제가 계속 바뀔 수도 있고, 논문이 내가 원하는 방향으로 가지 않을 수도 있고.

C

저는 논문 쓰는 과정에서 코로나 상황 때문에 정보를 얻을 수 없다는 점이 가장 힘들고 막막했어요. 논문을 처음 시작할 때의 장애물이 가장 컸던 것 같아요. 논문을 어떤 순서로 써야 하는지 매뉴얼처럼 정해진 게 없으니까 어렵고 막막했어요. 주제를 선정하는 과정에서 학술지 논문을 많이 읽어봤어요. 그래서 3가지 정도로 논문 주제를 좁혔어요. 아무래도 원격 수업을 많이 하다 보니까 공학 프로그램을 많이 이용하게 돼서 수학 과목에서 많이 사용하는 지오지브라 프로그램 관련된 논문을 써볼까, 아니면 파견 오기 전에 수행평가로 했던 구술 면담 평가 관련해서 논문을 써볼까도 생각했어요. 또 하나는 관내 연구회 선생님들이랑 MQI라는 수업 분석 도구에 대해 공부했던 내용을 토대로 논문을 써볼까도 생각해봤어요. 고민 끝에 MQI와 관련된 논문을 쓰기로 결정했어요. 그 이유는 관련된 논문의 양이 많지 않다는 것, 그리고 MQI로 수업코칭을 해보면 어떤 효과가 있을지 궁금하다는 것이었어요. 저도 MQI에 대해 공부하면서 수업을 바라보는 시야가 넓어졌다고 느꼈거든요. 그래서 다른 선생님들한테도 적용해봤을 때 효과가 있을지 궁금했어요.

  2명의 초임 선생님을 모집해서 실험했어요. 4~5차례 정도의 수업을 촬영하면서 수업코칭을 해 나갔는데, 4~5차례라고 하면 별것 아닌 것 같지만 연구 담당자로서 준비해야 할 것들이 생각보다 많더라고요. 그리고 수업을 보여주시는 선생님들한테도, 수업을 같이 분석해 주시는 선생님들한테도 제 연구에 도움을 얻는 상황이니까 죄송스러웠어요. 그 선생님들은 현직에 있으니까 굉장히 바쁜 상황이잖아요. 저는 계속 뭔가를 부탁하고 양해를 구하는 상황이고, 그런 와중에 저도 계속 도움을 드려야 되는 상황이 좀 염려스럽고 죄송한 마음이 컸어요. 그런 점이 실험을 할 때 어려웠던 것 같고, MQI로 수업코칭을 해보는 것이 저도 처음이잖아요. 그래서 어떻게 진행해야 할지, 어떻게 해야 코칭을 받는 선생님들에게 유익한 시간이 될지, 코칭 과정에서 상처를 받지는 않을지 등에 대한 고민을 많이 했었어요.

  논문 작성에 대해 말씀드리자면 저는 3학기가 끝나고 여름방학 때 쓰려는 마음이 있었어요. 그래서 항상 머릿속에서 논문에 신경을 쓰고 있었고 '써야 된다. 써야 된다. 5장이라도 써보자.' 이런 생각을 했었는데 결국 논문을 처음 쓰기 시작한 건 9월 1일부터였어요. 그제서야 책상 앞에 앉아서 조금씩이라도 문장을 적어나가기 시작했어요. 그전에 계속 못 썼던 건 뭐라고 써야 될지 몰라서인 것 같아요. 어쨌든 쓰기 시작하니까 문장이 나오긴 하더라고요. 그러니까 조금씩 쓰더라도 일단 일찍 쓰기 시작하면 좋을 것 같아요. 여름방학 때부터 쓰기 시작하면 좋겠어요. 그런데 또 어떻게 생각해 보면 엄청난 작품을 내는 건 아니니까 1~2달 안에 바짝 쓰는 것도 나름 괜찮은 것 같기도 하고요. 저는 9~10월 두 달 동안은 밥 먹고 운동하고 씻는 시간 빼면 거의 논문만 썼어요. 단기간에 엄청 집중해서 썼어요.

　발표 준비하는 과정에 대해 말씀드릴게요. 제가 실험하고 논문 작성했던 내용의 양이 많잖아요. 그런데 그 많은 내용을 약 7분 안에 압축해서 말하기가 어렵더라고요. 그리고 교수님들이랑 동기들이 다 보는 앞에서 말하니까 많이 떨리기도 했어요. 발표할 때는 내 논문이 어떤 의미가 있는지, 내 논문이 왜 필요한 논문인지를 피력하는 게 관건인 것 같아요. 그런 것들을 구체적으로 말하려고 하다 보면 시간이 길어질 수밖에 없는데 발표 시간은 제한되어 있다는 점이 어려웠어요. 발표 시간을 잘 신경써야 될 것 같고, 발표 연습은 혼자 여러번 해보면 좋을 것 같아요. 대본을 작성해본다든지, 예상되는 질문에 대한 답변을 적어놓으면 발표할 때 도움이 될 것 같아요.

　마지막으로 제가 다시 석사 논문을 쓰게 된다면 이렇게 할 거라고 적어놓은 것이 있어요. 1) 관심 분야의 최신 영어 논문 2~3편 읽기 2) 관심 분야의 최신 국내 박사 논문, 학술지 논문 읽기(이론적 배경 중심으로) 3) 이미 다뤄진 연구 문제들을 파악하기 4) 연구 문제 구체화하기. 한 연구 문제에 한 포인트로 분석의 초점을 명확하게 잡고, 모든 것을 담아내는 것이 아니라 '무언가'에 대해 깊이 있게 분석했다면 좋았겠다. 5) 논문 관련 책 읽어보기(김기란의 〈논문의 힘〉, 김용찬의 〈논문, 쓰다〉) 6) 〈논의〉 파트에서 내 주제와 관련된 연구 맥락에서 나의 연구가 어떤 의미를 지니는지, 선행연구와 비교하여 유사한 점, 진보한 점 등을 드러내기 7) 실험을 시작하기 전에, 실험 목적과 실험 결과를 분석할 틀을 명확히 하기 8) 분석틀은 기존 연구의 것을 그대로 쓰거나 나의 연구에 맞게 수정할 수 있다. 학술 용어의 의미를 깊이 있게 찾아보고, 내 연구에서의 의미를 정의하기.

A

파견을 마치고 나서 혹은 파견 생활을 하면서 파견 전과 달라진 점은 무엇인가요? 선생님의 삶에서 파견은 어떤 의미가 있을까요?

B

저는 파견 생활을 코로나 때 해서 집에 있었잖아요. 그래서 육아하는 친구들이랑 자주 보고 다들 거의 비슷한 상태구나 이런 생각을 많이 했어요. 약간 지루한 느낌이 들면서 바쁘기도 했고요. 그리고 매일 혼자 집에 있으니까 꾸미질 않잖아요. 학교에 출근했을 때는 일정한 시각에 일어나서 옷을 입고, 일을 하고, 퇴근하고 이렇게 생활 시간표에 맞게 살아 갔는데 이제 그런 패턴이 없어지니까 제가 이렇게 늦게 일어나게 된다 는 게 좀 놀라웠거든요. 원래는 주말에도 7시나 7시 반쯤에 일어났는데 지금은 거의 8시 반에서 9시 사이에 일어나요. 그전에 일어나면 하루가 힘들더라고요. 이런 생활 패턴이 달라진 게 제게는 아주 큰 변화예요.

저는 교직 생활할 때 힘들었지만 그래도 만족하고 제 직업에 대해 좋은 직업이라고 생각했었어요. 파견 생활을 시작하고 나서 점심을 먹은 후에 산책을 갔거든요? 그런데 제가 이 동네에 30년 넘게 살았는데 한 번도 계절이 가는 걸 느끼지 못했던 것 같아요. 제 동네가 원래 벚꽃 피는 길인 줄은 알고 있었어요. 그런데 항상 차로만 다녔지 걸어서 지나간 적이 없었던 거예요. 그 길을 3월 내내 걸으면서 '여기가 이렇게 예뻤나' 하는 것을 느꼈어요. 그리고 초등학교 앞에 사람들이 모여 있는 거예요. 1시 반쯤에. 다가가서 보니 초등학교 아이들이 집에 가니까 엄마나 할머니가 와서 아이들을 반기는, 그런 모습도 저는 처음 봤어요. '아, 사는 모습이 다 다른데 내가 교직에만 있으니까 이 똑같은 시간에 다른 장면들을 전혀 보지 못하고 살았구나'라는 생각이 들었어요. 항상 학교에 있었던 시간에 밖에 나가 산책하면서 구경하니까 제가 살던 삶과는 많이 다른 거예요. 휴직한 친구들을 만나보면 육아가 너무 힘들지만, 아이들 유치원이나 어린이집 보내고 이렇게 집에서 있는 시간이 좋다는 이야기도 많이 하거든요. '다들 교직 생활을 재미있게 잘 보내고 있다고 생각했는데 한편으론 벗어나고 싶은 마음도 컸구나', '이 교직 생활 외에도 다른 많은 삶이 있구나'하는 생각을 했어요.

그리고 '대학원은 이런 곳이구나, 대학원은 정말 내가 혼자 공부하는 곳이구나, 교수님들은 딱 하나 던져주고 내가 알아서 찾아가야 되는구나' 이런 것도 많이 느꼈어요. 교원대도 산책하기 좋아요. 저는 산책을 좋아하니까 학교 여기저기 걸었는데요, 공부할 때 힘들고 막막하고 짜증 나고 이런 것도 있었지만 점심 먹고 가는 산책길은 참 소중했어요. 전에는 산책도 다른 사람들이랑 많이 했었는데 파견 이후에는 혼자만의 산책을 진짜 많이 했어요. 산책하는 동안에는 뭔가 여유로워지잖아요. 이 여유로움에 대해 감사하게 생각하면서 보냈어요. 파견을 통해 새로운 것들을 경험했고, 대학원이라는 곳이 어떤 곳인지 알게 됐고, 교직 생활에서 좀처럼 하기 힘든 특별한 생활을 해봤다는 의미가 있어요.

C

저는 코로나 상황인 학교를 지금 처음 경험하고 있어요. 파견 가기 전의 2019년도랑 파견을 마친 2022년도를 비교해보면 생각했던 것보다 훨씬 학교가 전쟁터가 되었더라고요. 깜짝 놀랐어요. 물론 학기 초라 정신이 없기도 하지만 파견 다녀온 사이에 학교에서 아이들을 챙겨줘야 될 것들, 내가 확인해야 될 것들이 많아졌음을 실감하고 있어요.

그리고 어쩌다 보니 1년 동안 MQI로 제가 수업코칭을 받게 됐어요. MQI를 전문적으로 코칭하시는 다른 대학교 교수님한테 연구회 선생님들과 함께 수업코칭을 받는 거죠. 그러다 보니 아무래도 수업 한 시간 한 시간에 조금 더 신중해진 경향이 있어요. 대학원 다니면서 "어떤 수업을 해야 된다, 수업을 어떤 식으로 지향해야 된다, 아이들과 어떤 방식으로 의사소통하면서 수학 공부를 해야 된다"라는 말을 자주 들었기 때문에 수업 시간에 그렇게 되고 있지 않다는 것을 스스로 인식하게 되면 마음이 힘들어지기도 해요. 뭔가 아쉽기도 하고, 이렇게 하지 않으려면 다음 수업 시간에는 어떻게 해야 될지 반성을 하게 되더라고요.

파견 생활을 하면서 또 하나의 세계를 알게 된 것 같아요. '대학원에서는 이렇게 연구를 하고, 이런 식으로 사람들이 살아가는구나. 이렇게 공부를 하고, 이렇게 교사나 대학생들을 가르치고 있구나' 하면서 교수님들의 삶을 조금 들여다 봤달까요. 석사과정이 비록 초보적인 연구 과정이지만 이런 식으로 공부를 하면서 교직 생활을 이어갈 수도 있겠구나 싶었어요. 제 삶에서 파견은 배움의 시간, 또 쉼의 시간이었다는 것은 확실해요.

A

끝으로 파견을 고민하고 계신 선생님들께 하고 싶은 말이 있다면 무엇인가요?

B

시험공부가 부담스러워서 파견에 도전할지, 말지를 고민한다면 해보라고 하고 싶어요. 안 하면 후회죠. 하고 나면 후회하시지 않을 거예요. 조금이라도 파견에 관심이 있다면 도전하는 것이 좋다고 생각해요.

C

저는 적극 추천하고 싶어요. 개학해서 학교에 출근하니까 집에서 내 공부하는 게 정말 행복했던 시간이었구나 하는 생각이 들더라고요. 요즘에 코로나 확진 학생도 많이 나오니까 코로나도 챙겨야 되고, 학교 수업도 챙겨야 되고, 학급 아이들도 챙겨야 되고, 업무는 업무대로 들어오고 하다 보니까 아침 8시 전에 출근해서 오후 5시쯤 퇴근할 때까지 계속 정신이 없어요. 파견 생활을 하면서 자기만의 시간을 갖고, 전공 분야에서 공부를 깊이 해볼 수 있다는 게 정말 감사한 시간이라는 생각이 들어서 꼭 해보시라고 추천하고 싶어요.

그리고 대학원을 다녀와 보니 교사들이 한 번쯤은 박사까지는 아니더라도 석사과정을 거쳐보면 좋지 않을까 하는 생각이 들더라고요. 학부에서 배운 내용만으로 교직 생활을 했다면 모르고 지나칠 수 있는 것들이 많았을 거라는 생각이 들어서 많은 선생님들이 배움의 시간을 꼭 가져보시면 좋겠어요. 게다가 한두 달 정도 공부하고 2년의 시간을 가질 수 있다는 것은 가성비가 정말 좋은 기회라고 생각해요.

제2장 공주대학교 파견교사

<인터뷰 개요>

일시 및 방법: 2022.3.22.(화), 화상인터뷰

참가대상: 공주대학교 교육학과 파견중인 교사 2명(1명은 필자임)

인터뷰 참가자는 익명처리(D,E)하며, 인터뷰 내용 중 일부 수정함.

D

한번 해볼까요. 그러면 첫 번째 왜 석사 파견에 지원하셨나요? 저의 얘기를 먼저 한번 해보면 제가 이제 교직이 한 20년 남았더라고요. 그래서 교직생활 중에 할 수 있는 것을 많이 해보자. 그래서 2년 파견 갔다 오면 20분의 2이잖아요. 10% 정도는 석사 파견 생활 좀 해봐도 괜찮겠다 싶어가지고 지원을 했는데 운 좋게 돼서 그게 첫 번째 이유고 두 번째는 제가 갓 난 아이가 있어요. 8개월 애가. 그래서 나이 먹고 애 보려니까 너무 힘들어서 그래서 지원하게 된 것도 있죠.

E

저 같은 경우에는 선생님이랑 비슷하지만 학교 경력이 한 10년 정도 되었습니다. 주변 선생님들 중에서 한 10년 쯤에 번아웃이 되시는 분들이 계시더라고요. 학교 생활이나 업무, 수업 이런 거에 있어서 탈진 타이

밍이 오는 경우가 있는데 저는 학교 경력 7~8년 때쯤에 한번 번아웃이 와서, 뭔가 좀 터닝포인트가 필요하다, 변화가 필요하다고 판단을 하고 있었습니다. 그러던 중에 교사석사 파견 가서 좀 더 공부하고 돌아오면 조금 더 새로운 의지가 생기지 않을까 하는 그런 생각이 있어서 파견을 지원하게 되었습니다. 저도 아이가 있다 보니까 아이한테 조금 더 시간적인 여유를 가질 수 있지 않을까하는 것도 하나의 이유가 되었습니다.

D

아이가 지금 몇 살이에요?

E

아이가 다섯 살입니다. 다섯 살 쯤 되니까 아이랑 있는 시간이 더 많았으면 좋겠다고 생각했습니다.

D

그러면 이제 두 번째 질문입니다. 파견 준비는 구체적으로 어떻게 하셨나요. 파견을 준비하는 선생님들께 드리고 싶은 조언이 있다면 무엇인가요? 저 같은 경우에는 이제 파견 준비를 하는데 우선은 많은 준비를 못 했어요. 공문이 한 달 전인가 두 달 전인가 와서 공문 보고 한번 해볼까라고 생각했었습니다. 그리고 공주대는 공문 오고 그 다음 주에 설명회를 참석하게 되어 있더라고요. 설명회 참석 안 하면 아예 원서도 못

쓰게 하고 있었습니다. 공주대 석사 파견 인원이 4명이니깐 4명 중에 한 자리 정도는 될 수도 있지 않을까라는 생각으로 지원하게 되었습니다.

파견을 준비하는 선생님들께 드리고 싶은 조언은 공주대 교육학과는 면접하고 연구 계획서가 중요한 것 같습니다. 연구 계획서 쓰려고 좀 노력을 많이 했어요. 그래서 뭐 RISS나 이런 데서 논문을 찾아보고, 학교 업무에 관심이 있어서 업무 전담팀에 관련된 논문이나 책 찾아보고 주제를 잡은 다음에 썼죠. 그래서 파견을 준비하는 선생님에게 드리고 싶은 조언은 우선은 무조건 해보는 게, 한 번이라도 경험해보는 게 무조건 이익이고 그래서 마음을 먹었다면 이것저것 재지 말고 도전해보는 게 좋다. 뭐 이 정도인 것 같아요.

E

저는 파견 이제 써야지, 이제 파견을 한번 신청을 해봐야지 하고 나서 이게 선발 전형이 따로 있잖아요. 현직 교직원 특별전형으로 각 과마다 이제 전형이 조금씩 달라요. 그래서 처음에는 제가 국어과이니까 국어국문과를 쓸지 교육학과를 쓸지 처음에 고민을 했죠. 사실 국어과라서 그냥 국어국문학과로 그냥 써볼까 교육학과로 써볼까 고민했었는데 저의 개인적인 환경 때문에 교육학과로 결정했었습니다. 교육학과를 쓸 때도 교육학과 안에서도 이제 세부 전공이 있기 때문에 어떤 전공으로 신청을 해야 할까 고민을 했습니다. 주변 지인들한테 문의를 많이 구했었고 추후에 전문직이나 이런 쪽에도 관심이 있다면, 교육행정 전공이 도움이 될 것이다라는 의견이 있어서 교육행정으로 지원을 하게 됐었습니다.

공주대학교 교육학과 같은 경우에는 현직교직원 특별전형을 할 때 연구계획서를 제출하게 되어 있어서 연구 계획을 어떤 주제로 잡아서 낼까에 대해서는 좀 고민을 했었고요. 저도 그때 당시에는 혁신학교에 계속 근무하고 있어서 혁신학교가 더 잘 운영이 되기 위해서는 교육행정 측면에서 어떠한 지원이 필요한가 이런 주제로 연구계획서를 작성했습니다.

그래서 이제 파견을 오게 됐는데 사실 지금은 어쨌든 파견 와서 잘 생활을 하고 있지만 만일 그때로 다시 돌아가게 된다면 파견을 준비하시는 선생님들이 계신다면 아시다시피 이제 자기 전공과가 아니더라도 다른 과를 쓸 수 있잖아요. 올해에 오신 분들 중에서도 이제 가르치는 과목과 다른 전공으로 오신 분도 계시는데 파견을 지원하는 학과에 따라서 공부하는 내용도 달라지고 영역도 달라집니다. 그래서 구체적으로 내가 이제 석사 파견을 오게 된다면 어느 학과로 가서 어떤 주제로 어떤 내용을 좀 더 깊이 있게 공부를 할 것인지를 미리 설정되어 있다면 훨씬 더 파견 와서 좀 더 도움이 많이 되지 않을까 그런 생각이 들었습니다.

D
지인이면 어떤 지인들한테 혹시 물어보셨어요.

E

이제 교수님도 계시고 같이 파견을 준비했던 선생님, 파견을 했었던 선생님들이에요. 그분들하고 얘기를 좀 많이 했고 그리고 주변에 있는 선생님들 얘기 좀 해봤고요.

D

이런 거 결정할 때 이렇게 막 물어보고 하시는 스타일이구나.(웃음)

E

아무래도 저는 정보를 많이 수집을 해서 머릿속에서 상상이 어느 정도 파악이 되어야 일을 진행하는 스타일이라. 약간 깜깜이식으로 하면 조금 일할 때도 이게 반응이 안 잡힐 때가 있어요.

D

그러면 같이 파견 썼던 선생님도 되셨어요?

E

네. 그 선생님도 파견에 합격하셨어요. 근데 같이 파견에 지원해서 합격한 선생님도 사실은 석사 파견을 잘 모르고 있다가 이제 제가 파견 해볼란다 했는데 그 선생님도 번아웃 상태여서 학교 수업 좀 이제 쉬고 싶다. 이런 시기였거든요. 네 그래서 한번 같이 써보자 그래서 이제 같이 지원하게 되었습니다.

D

둘이 공부를 어떻게 하셨는데 함께 같이 합격하셨나요?

E

국어과는 연구계획서 제출이 없어요. 연구계획 관련되는 게 없고 면접만 있었습니다. 아시다시피 공주대학교 파견 정원이 4명인데 이 4명을 도교육청에서 뽑는 게 아니고 도교육청은 추천서만 써주기 때문에 입학전형은 이제 결국에는 각 학과에서 진행하는 거라서 각 학과마다 준비하는 게 다를 수는 있습니다.

D

지난번에 저 파견 설명회 갔을 때 장학사님이 내년부터는 교육학과만 뽑을 거라고 이야기하셨습니다.

E

공주대 파견교사들이 지방교육정책개발원에 소속되는데, 지방교육정책개발원이 공주대학교 사범대에 소속되어 있잖아요. 지방교육정책개발원에서 이제 충남교육청이랑 공주대랑 연결고리 역할을 하는 건데 충남교육청에서는 아무래도 소속된 교사들을 보내는 입장이다 보니까 교육청에 도움이 되는 방향으로 많이 운영하려고 합니다. 그런데 공주대 안에서도 교육과정 위원회나 이런 게 통과가 돼야 해서, 이게 잘 협조가 이루어지지 않으면 사실상 이게 엄청난 진척을 보이기가 쉽지가 않죠.

D

한국교원대에서도 교원정책대학원에 교육혁신이라고 따로 있거든요. 경기도 선생님들만 갈 수 있는 전공이 있는 것처럼 충남도 공주대에 지방교육관련전공을 만들고, 추천방식도 도교육청에서 2배수, 1.5배수로 걸러내고 그 중에서 공주대에서 선발하도록 하자 그런 방식도 있습니다. 그런데 뭐, 되어봐야 알지요.

E

매년 그게 석사 파견교사 공고가 떠야 아는 거니까.

그리고 AI교육과정 석사과정 운영처럼 주제 하나를 잡아서 그 과정으로 석사과정을 하나 해달라 하면서 그렇게 결정이 될 수도 있는 거고 어떻게 될지 모르는 거지요.

D

자, 이제 세 번째 질문입니다. 파견 생활은 어떠신지요? 파견을 앞둔 선생님들에게 파견 기간을 알차고 의미 있게 보낼 수 있는 팁을 주신다면요?

저는 우선 파견생활에 만족하고 있고 학부 생활과 석사 파견 대학원생이 하는 역할이랑 일이 좀 다른 것 같아요. 학부를 생각하고 파견 대학원 생활을 오면 후회할 수도 있을 것 같고 학부 수업 정도가 아니라 내가 뭔가를 공부해서 재조직하고 자기만의 생각을 만드는 이런 과정을 좋아하거나 잘하기 위해서 연습해보고 만들려고 하면 도움이 많이 될 것 같습니다.

반면에 학교처럼 이렇게 정해진 일을 하는 건 아니고 자기가 새로운 정보를 만들어서 만든 정보를 가지고 시도해보고 과학적으로 결과도 산출해보는 과정을 좋아하면 파견 생활을 매우 즐겁게 할 수 있을 것 같습니다.
그리고 파견을 앞둔 선생님들에게 파견 기간을 알차고 의미 있게 보낼 수 있는 팁은 저는 이제 한 학기밖에 안 되기는 하지만 할 수 있는 걸 다 파견기간에 한 번 해볼 수 있는 게 좋지 않을까요. 개인적으로 시간이 나는 대로 좀 여유가 있으니 자기가 하고 싶은 운동을 하나 정해서 꾸준히 해본다든지 영어를 한번 해본다든지 뭐 이런 거를 하나 정해서 석사과정과 병행해서 자기가 하고자 하는 취미생활이나 아니면 능력개발을 하면 의미가 있을 거라 생각합니다.

E
저도 비슷했던 것 같아요. 저도 파견생활 하면서 우선 수강신청 했던 수업을 들었습니다. 첫해는 9학점을 들었는데 3개의 강의를 들으니 과제도 해야 되고 발표 준비도 해야 되고 하다 보니까 적응하는 데 시간이 걸렸던 것 같습니다. 또 교수님께서 다른 교육청이랑 하시는 연구 과제를 같이 해달라고 하셔서 그 활동도 같이 했거든요. 파견 생활하면서 교수님의 연구 과제도 같이 진행을 했었고 연구 보고서도 썼습니다. 사실 학교에 묶여 있지는 않아서 시간적 여유는 있지만 다른 업무를 맡아서 진행을 하다 보니까 거기에 또 좀 신경이 좀 많이 쓰였던 것 같긴 해요.

교수님이랑 같이 공부하다 보니까 교수님하고 많이 엮이는 경우가 있지 않을까 해요. 근데 또 그게 힘들다고 할 수는 있겠지만 반대로 오히려 이 파견 기간 동안 연구정책과제에 참여해 보니까 조금 더 교육에 대한 시야가 넓어지는 경험은 되더라고요. 기존에 그냥 학교 안에서만 보던 거하고는 다르게요.

교육청 차원이나 아니면 교육부 차원에서 어떤 정책을 집행하거나 운영할 때 '이렇게도 바라보는구나'라는 것을 조금 더 넓게 경험할 수 있지 않았나 그래서 괜찮았던 것 같아요.

D

그런데 연구과제를 참여하려면 교수님을 어쨌든 지도교수를 잘 만나야 되겠네요.

E

지도교수님에 따라 다르기도 하지만, 저희는 지방교육정책개발원에 소속이 돼 있는 거라 지방교육정책개발원 내에서도 운영하는 사업들이 많이 있잖아요. 지방교육정책개발원에서 하는 사업들에도 같이 참여하다 보면 색다른 경험을 많이 할 수 있을 것 같아요.

D

제 생각에는 파견생활에서 글쓰기 능력이 되게 중요하다는 생각이 들더라고요. 특히 교육학과는 더욱 그런 거 같습니다.

E

그렇죠. 아무래도 논문이 주가 되다 보니까 결국에는 읽기 능력과 작문 능력이 필요한 것 같아요. 아무래도 자꾸 논문 같은 경우도 많이 읽어보고 또 많이 써봐야 되니까.

D

대학원에 오자마자 처음부터 대학원 수업에서 보고서도 아니고 소논문을 써서 제출해야 하니깐 독해 능력도 필요하고 이게 기본적으로 작문능력이 없으면 학교 생활하기 너무 어렵겠다. 이런 생각이 좀 들더라고요. 스트레스도 많이 받고요.

E

그렇죠. 아까 선생님이 말씀하신 것처럼 학부 생활처럼 수업 듣고 이렇게 끝난다 이렇게 생각하면 파견생활을 후회할 수 있을 것 같습니다. 대부분의 대학원 수업이 세미나식으로 많이 운영이 되다 보니까 저도 처음에 걱정해가지고 교육학에 대한 전반적인 지식을 내가 잘 알고 있나에 대한 고민도 있었어요. 교육학적인 지식을 어떻게 다시 한번 리마인드를 해야 되나 교육학 공부한지 오래 되어서 교육학적인 지식을 내가 많이 까먹었을 수도 있겠다라는 생각이 많이 들더라고요.

대학원 수업마다 기본 교재가 있는 수업은 교재 가지고 주로 발표하는 이론적인 수업이 이루어지고 실제 논문을 쓰거나 아니면 연구 보고서 작성 쪽으로 하는 수업은 논문 읽고 실제로 논문 작성하는 쪽으로 수업이 진행되는 거 같아요.

D

그리고 이제 4번 논문 쓰는 과정 질문은 빼도 될 것 같아요. 아직 논문 안 쓰셨으니까요.

E

근데 이게 어려운 점은 하나 있어요. 왜냐면 논문을 쓸 때 만약에 양적 연구를 수행하려면은 설문조사나 실험을 진행해야 될 테고 그거에 따른 통계 작업도 해야 되잖아요. 통계 작업도 결국에는 SPSS나 이런 프로그램을 이용해가지고 통계 작업을 수행하는데 학부 과정이나 교직 생활 중에 통계 프로그램을 이용하는 경우는 거의 없거든요. 그러다 보니까 논문를 어떻게 써야 되나 이런 고민들은 많이 있었고 그래도 다행히 지난 학기 때 수업 하나 들은 게 있습니다. 양적연구 가지고 하는 수업이 하나 있어서 그때 통계 프로그램 활용하는 걸 좀 배웠어요. 그리고 공주대 자체에서도 연구 방법론을 주제로 특강들을 많이 운영하더라고요.

논문을 앞둔 입장에서도 걱정되는 거는 논문 주제를 잡고 해야 될 텐데. 이것도 확실히 지도교수님의 의지나 얼마나 이제 자주 만나고 협의하냐에 따라서 논문 진행도에 차이가 좀 많이 있겠다. 그런 생각이 들긴 하더라고요.

D

그럼 6번 파견을 고민하고 계신 선생님들께 하고 싶은 말이 있다면 무엇일까요?

E

대학원에서 석사를 따는 것은 두 가지 이유가 있겠죠. 승진 점수를 위해서 이제 따시려는 분들과 진짜 공부를 하고 싶어서 석사를 따시고 싶으신 분들이 계신 거니까요. 그런데 교육대학원이라는 선택지도 있긴 하지만 실제 교육대학원은 방학 때 이제 몇 주 동안만 진행하는 거라 실제 대학원에서 경험할 수 있는 교육적인 기회나 이런 것은 없는 것 같아요. 현직에 있는 선생님들이 주말이나 야간에 왔다 갔다 하면서 일반대학원을 다니기에는 좀 현실적으로 쉽지 않은 부분인 것 같아요. 그렇기 때문에 석사 파견제도가 있어서 그래도 여유 있게 공부를 할 수 있는 기회가 생기는 거잖아요. 공부에 대한 의지라고 해야 되나 각오, 마음가짐으로 오면 정말 인생의 플러스가 될 수 있는 좋은 기회가 되지 않을까라고 생각해요.

D

다섯 번째 문항이기도 한데요. 파견 생활을 하면서 파견과 달라진 점은 무엇인가, 혹시 달라질 것으로 예상되는 건 있으세요?

E

교육적인 고민거리나 학교에서 해결해야 될 문제 상황에 대한 접근이 조금 더 체계적이고 좀 더 이론적으로 접근하려고 하지 않을까 싶기는 해요. 기존에는 일이 터지면 이전 학교에서는 어떻게 했지 작년에는 어떻게 했지 이런 식으로 문제해결 방법을 찾아봤다면 이제는 문제와 관련된 논문도 찾아보고 하면서 문제들을 바라보지 않을까 싶어요.

D

그러면 옆에 선생님들이 이상하게 볼 것 같은데요. 회의하다 논문에 의하면이라고 말하면요.(웃음)

E

약간 그런 게 필요하다고도 생각이 드는데요. 학교 환경 자체도 이제 많이 변화하면서 인문계 고등학생들에게 연구활동도 시키고 보고서도 쓰게 하고 하는 경우가 많다고 하더라고요.

D
거의 다 하죠. 요즘에는.

E
이제 선생님들도 연구역량을 키워야 하는 것은 어쩔 수 없는 것 같아요. 저도 퇴임할 때까지 꾸준하게 공부하고 노력을 해서 애들한테 더 도움이 되고 싶다 이런 생각이 들긴 하니까요.

D
저번에 대학원 수업 시간에 혁신학교에 대해 발표하는데 오랜만에 자료조사해서 준비를 하려니까 되게 진짜 힘들더라고요. 맨날 학생들에게 발표를 시키기만 하다가.
학생들이 와서 발표 힘들다고 찡찡거리면 네 일은 네가 해야 된다, 네가 알아서 한번 해봐라 그런 얘기도 했었는데 막상 오랜만에 직접 해보니까 또 쉬운 일이 아니더라고요.(웃음)

E
맞아요. 근데 쉽지는 않지만 그래도 해보면 또 할 수 있겠다.

D

그렇죠 그렇죠. 인터뷰에 응해주셔서 정말 감사합니다. 석사 파견을 준비하시는 선생님들에게 도움이 많이 될 것 같습니다. 감사합니다.

제3장 한국교원대학교 박사과정 교사

> **<인터뷰 개요>**
>
> 일시 및 방법: 2022.3.23.(수), 서면 인터뷰
>
> 참가대상: 한국교원대학교 수학교육학과 박사과정 중인 교사 1명

1. 선생님은 휴직하고 교원대에서 석사 졸업을 하셨는데요, 파견 대신 휴직을 선택하신 이유는 무엇인가요?

제가 근무하던 학교가 한국학교가 아니어서 파견제도를 이용할 수 없었어요. 그래서 어쩔 수 없이 휴직을 했어요.

2. 휴직하고 대학원에 가는 것은 파견으로 가는 것과 어떤 점이 다른가요?

아무래도 파견의 이점을 즐기지 못한다는 거겠죠? 휴직이니까 월급은 받지 못하고 연구를 해야 해요. 또한 입학시험에서 전형이 갈라지기 때문에 경쟁하는 집단이 다른데, 파견 선생님은 지역별로 정해진 티오를 가지고 경쟁한다면 일반 전형으로 지원하면 일반 전형 지원자 전체

와 경쟁을 하는 부분이 달라요. 아, 또 석사기간 동안 경력 인정 유무도 큰 차이점 중에 하나일 것 같아요.

3. 대학원 생활에서 좋았던 점이나 아쉬웠던 점은 무엇인가요?
그리고 지도교수님을 정할 때 고려해야 할 점은 어떤 것이 있나요?

좋았던 점은 새로운 환경에서 무언가를 시작한다는 느낌을 받고, 새로운 마음가짐으로 내 삶을 바라볼 수 있다는 것이었어요. 그리고 각 지역에서 오시는 선생님들과 교류하고 서로의 고민을 나눌 수 있다는 것이 좋았지요. 또한 이러한 고민을 학교가 아닌 탁 트이고 여유로운 교원대라는 공간에서 나누는 것이 마음을 넓게 해주는 것 같았어요.

그리고 저는 일반 전형으로 오신 선생님들과도 가깝게 지냈는데요, 그중에 교원자격증을 취득하기 위해 오신 선생님들을 통해 젊은 감각도 함께 느끼고 어려워하는 부분을 도와주면서 언니, 누나로서 멘토가 되었던 경험은 정말 좋았어요.

또한 재학 기간 중에 학회를 주최할 수 있는 기회를 접해서 기획을 하고 실무진들과 함께 보름 동안 힘들었지만 정말 즐겁게 행사를 준비하고 성공을 거둔 것은 가장 기분 좋고 보람있었던 경험으로 남아 있어요.

지도교수님을 정할 때는 우선 교수님의 전공과 지도학생들의 논문 제목들을 살펴보면서 자신이 관심 있는 분야인지 파악하는 것이 제일 중요하겠죠. 또한 교수님의 성향을 미리 알 수 있다면 자신의 연구의 방향을 짐작해 볼 수 있답니다. 자신이 꼭 하고 싶은 주제가 있는데 그 부분을 교수님께서 밀어주시고 함께 고민해 주시는지, 아니면 교수님의 주요 연구 분야에 대해 배우면서 함께 연구할 건지, 이 부분이 각 교수님의 성향에 따라 많이 좌우될 것 같아요.

저 같은 경우 연구하고 싶은 분야가 있어서 목표를 가지고 석사과정을 지원했고, 감사하게도 관심있어 하시는 교수님이 계셔서 먼저 손 내밀어 주셨어요. 참고로 저는 학부를 교원대 졸업을 해서 현재 지도 교수님을 십 년 만에 다시 만났고 함께 하기로 했었어요.

교원대 졸업생이 아닌 경우에는 홈페이지를 통해 교수님의 전공과 논문 등을 살펴보시고, 정보를 좀 더 얻을 수 있다면 지도학생들의 논문 제목을 보신 후에 관심 있는 교수님께 미리 메일을 보내보시는 것도 방법이 될 거라 생각해요.

4. 선생님은 석사과정을 마치고 곧바로 박사과정에 들어가셨는데요, 박사를 하기로 결정하신 이유는 무엇인가요?

우선 석사과정을 마침과 동시에 바로 박사과정을 해야겠다고 결심한 것은 지도교수님의 영향이 가장 컸어요. 석사과정 2년 동안 교수님과 준비했던 크고 작은 연구프로그램들로 인해 연구가 힘들지만 보람있고 재미있다고 느꼈어요. 그때 마침 지도교수님께서 조금 더 연구활동을 같이 하면 좋겠다고 제안을 하셨고, 새로운 연구 주제에 대해서도 많은 이야기를 나눴어요. 저 또한 교수님과 함께하는 연구의 때를 놓치고 싶지 않은 마음이 들었어요. 곧 정년퇴임을 앞두고 계셨거든요. 그래서 고민이 계속됐지만 우선은 지원하고 합격한 후에 생각하기로 했고, 그렇게 박사과정에 물 흐르듯이 입학해 버렸답니다. 그러면서 시대의 변화에 발맞춰 인공지능과 수학에 대해 교육계에서 구체적인 연구들이 필요함을 느끼고 해당 분야에 대한 연구를 하고 있어요.

5. 박사과정이 석사과정과 다른 점은 무엇인가요? 박사과정의 특징에 대해 말씀해주세요.

박사과정은 우선 최소 3년이 필요해요. 또한 현직 교사이더라도 박사 파견제도는 없기 때문에 학업과 일을 병행해야 하는 어려움이 있어요. 그래서 많은 선생님들께서는 졸업논문 준비가 시작되면 최소 1년 정도는 휴직을 하고 연구에만 매진하는 것을 볼 수 있답니다. 박사를 취득하기 위해서는 단순 졸업논문만이 아니라 권위 있는 학술지에 논문을 투고하여 등재되는 등 연구에 대한 성과가 뒷받침되어야 해요. 끊임없이 연구에 몰두해야 한다는 것이 크게 다른 점일 것 같아요.

6. 석사 논문, 박사 논문을 쓰는 과정(주제선정, 작성, 발표 준비 등)에서 어려웠던 점은 무엇인가요?

석사 논문을 쓰는 과정에서는 연구 문제를 구체화 시키는 부분에서 가장 많은 고민과 시간을 투자했어요. 입학할 때부터 연구 분야에 대해서는 미리 생각을 했고 관심이 많았기에 관련 선행연구를 찾아 읽고 이론적 배경을 늘려가는 것은 성실함과 꾸준함으로 준비해갔지만, 그 안에서 연구 문제를 구체화시키는 부분이 저를 참으로 머리 아프게 했던 것 같아요. 문헌연구를 했기 때문에 단순한 보고서 형식이 되지 않게 하기 위해 더욱 의미 있는 연구 문제가 필요했거든요.

반면에 박사과정에서는 석사 때와 연구분야가 바뀌면서 배경지식을 쌓고 다시 처음부터 시작하는 부분이 저를 힘들게 했던 것 같아요. 저도 인공지능 수학 분야에 처음 발을 들인 초보학습자였기 때문에 이걸 잘 이해할 수 있을까라는 부담감에 눌린 채 시작했었기 때문이죠.

7. 석사, 박사과정을 고민하고 계시는 선생님들께 하고 싶은 말이 있다면 무엇인가요?

여러가지 이유로 석,박사과정을 준비하고 계시겠지요? 무엇이 됐든 대학원 과정에 임하게 된 목표가 있으실 테니 이왕에 뛰어든 거 잠시 몇 년간 멋진 연구자의 모습을 만들어가시길 바라요. 교육자로서의 연구는 나를 위해, 우리 아이들을 위해, 그리고 이 사회와 교육계를 위해 작지만 힘을 발휘할 수 있는 것 같아요. 석사 과정 같은 경우 첫 학기에 관심 분야와 큰 주제를 정하시고, 이후 관련 선행연구에 대해 매주 꾸준히 읽고 논문을 요약해 두시길 추천드립니다. 그래야 조금씩 모아진 지식 덕분에 자신도 모르게 준전문가로 성장할 수 있을 거예요. 그렇게 배경지식을 쌓고 구체적인 연구문제와 방법을 충분히 고민한 후에 2년 차가 되어 본격적으로 연구에 들어가시길 추천드립니다. 그러면 알찬 대학원 생활과 함께 논문의 질도 높아집니다. 또 기회가 된다면 1년 차 때, 학교에서 지원해주는 ERP 같은 프로그램에 참여해서 연구비 지원도 받아 필요한 것들을 준비해보세요. 그리고 여기에 제출해야하는 보고서를 준비하면서 내가 해당 주제로 논문을 잘 써나갈 수 있는지도 미리 경험해 보실 수 있답니다. 선생님들의 끊임없는 도전과 연구를 응원합니다.

아, 교과교육연구동향이나 연구방법론과 같은 수업이 개설되면 꼭 수강하세요. 누군가 따로 논문 쓰는 방법, 연구 동향을 살피는 방법에 대해 가르쳐주지 않는답니다. 뭐부터 해야 할지, 논문은 어떻게 준비되는 건지 앞이 캄캄할 때 이런 수업이 개설된다면 하나쯤은 꼭 들어두세요. 큰 자산이 될 거예요.

제4장 강원대학교 파견교사

> **<인터뷰 개요>**
> **일시 및 방법:** 2022.4.11.(월), 서면인터뷰
> **참가자:** 브런치 작가 '보듬' (강원대 일반대학원 지역교육협력학과 석사과정 파견, 21.3.1.-22.2.28.)
> (강원대 대학원 및 강원교육청의 안내에 따르면, 강원대학교 지역교육협력학과 파견제도는 '1년 대학원 파견, 1년 액션러닝을 통한 연구'로 진행됨)

1. 왜 파견에 지원하셨나요?

2011년에 임용되어 십 년 동안 꾸준히 한 교과 수업을 진행하다 보니, '쉼'과 '새로움'에 대한 갈망이 커졌습니다. 꾸준하게 십 년 동안 하나의 일을 지속해 온 자신에게 보상을 해 주고 싶다는 마음도 있었고, 국어 교과 하나만 공부해 왔으니 새로운 시도를 해 볼 때도 되지 않았을까 하는 생각이 강렬하게 드는 시기였어요. 한편으로는 그간 발전 없이 제자리에 머물고 있지 않았는가 하는 생각도 조금 있었죠. 스스로에게 '쉼'과 '새로움'을 추구할 수 있는 '전환'의 무언가가 필요하다고 느끼던 차에, 도교육청에서 온 새로운 파견제도 공문을 발견했습니다.

생각해 보면 저는 꾸준히 '새로운 것'을 해 보고 싶은 사람이어서 다양한 연수도 들어 보고, 부전공도 이수하고, 교원대나 서울대 파견 같은 공문, 재외기관 파견 안내 같은 것도 매년 들여다보는 사람이었어요. 직업을 바꾸겠다 싶을 정도로 새로운 시도가 간절했던 것은 아니었고, 그냥 제자리에 머물고는 싶지 않았나 봐요. 부전공까지 이수하고 보니, 이제 겁나서 못 해 봤던 것은 '파견'이 남은 상태였던 것 같습니다. 교원대나 서울대 파견은 애초에 합격이 어렵다는 것도, 합격 후의 삶이 어떻게 될지 예측이 안 된다는 것도, 모두 제게는 용기를 잃게 하는 부분들이었는데, 제가 살고 있는 지역의 대학에 파견을 나갈 수 있다니 '한 줄기 빛'이 보이는 기분이었습니다.

제가 '연구자'가 되고 싶다거나 '공부'를 본격적으로 해보고 싶다는 꿈이 있던 것은 결코 아니었다는 사실은 알아채셨겠죠? 새로운 것을 추구하는 습성(?)과 가보지 않은 길에 대한 호기심에 겁 없이 지원하였습니다.

2. 파견 준비는 구체적으로 어떻게 하셨나요? 파견을 준비하는 선생님들께 드리고 싶은 조언이 있다면 무엇인가요?

강원대 파견은 어렵지 않았어요. 일단 제가 가진 메리트는 '강원대 파견의 첫 해'라는 것이었습니다. 파견 제도가 새로 생겼다는 사실을 아는 사람들도 별로 없었고, 선발 절차도 매우 단순했어요. 도교육청 추천을 받기 위해 스스로 추천서를 써서 통과하고, 대학원 입시에 제출할 연구계획서를 쓰는 것뿐이었거든요. 그리고 서류가 통과하면 면접을 보는 일이 끝이었습니다.

추천을 받기 위해서 십 년 동안 활동했던 내용들을 뒤져서 정리를 했습니다. 특히 '지역교육협력학과'라는 특이한 융합 학과(?)에 걸맞은 제 실적을 찾아내려고 노력했어요. 예를 들면 교과 수업을 진행하면서 학생들과 지역 주민(시장 상인) 인터뷰를 계획해서 실행한다거나, 지역 내 국어 교사들과 함께하는 독서 교육 협의회에 참여하였다거나, 지역 내 혁신교육연구회에 참여하여 신설학교의 밑그림을 그리기 위한 공부를 했다거나 하는 것들이요. 지역교육협력학과의 전공이 두 가지였거든요. '지역사회협력'과 '교육혁신'이요. 이에 알맞은 경험들을 정리하여 추천서를 쓰고, 이를 토대로 연구 계획을 작성했습니다.

제가 파견을 나갔다 온 것은 결코 제가 잘나서가 아니었던 것 같아요. 실적이 화려하거나 연구 계획이 제대로 되어서도 아닌 것 같고요. 파견 첫해라 경쟁률도 비교적 낮은 편이었으니 운이 많이 따라줬을 거예요. 그래도 한 가지 중요한 것은 있는 것 같아요. 기존에 내가 교사 생활을 하면서 어떤 경험들을 해 왔고, 그 경험을 통해 느낀 바는 무엇이며, 이를 토대로 어떤 공부를 더 하고 싶은 것인지에 대한 '상'을 잘 세워두고 파견 선발 절차에 임하는 것이요. 그 정도는 꼭 필요한 것 같습니다.

3. 파견 생활은 어떠셨나요? 파견을 앞둔 선생님들께 파견 기간을 알차고 의미 있게 보낼 수 있는 팁을 주신다면?

파견 생활은 즐겁고 행복했습니다. 제 파견 생활을 보면서 주변에 계시는 선생님들 몇 분도 올해 파견을 신청하셨으니, 제 행복과 즐거움이 선생님들께도 두드러지게 보이지 않았나 싶어요. 저희 과는 항상 출근해서 연구해야 하는 분위기도 아니고, 그럴만한 여건도 아직 마련되지 않은 상태였어요. 파견 기간 동안 대학원 수업에 잘 참여하고, 교수님이 하시는 프로젝트에 보조연구원이나 조력자로 임하는 정도로 일 년을 보냈습니다. 고정된 일정은 대학원 수업이나 워크숍 정도라서 시간표를 어떻게 짜느냐에 따라 평일에 개인 시간이 꽤 나기도 했어요. 수업이 없는 평일에는 '평일밖에 못 가는 곳'이나 '평일에 가보고 싶었던 곳'을 찾아가기도 하였습니다. 전시회라든가. 코로나 때문에 오랜 시간 먼 곳까지 여행하지는 못했던 슬픈 구석도 있기는 했지만, 비대면 수업 덕분에 서울의 호텔에서 호캉스를 하면서 수업을 듣는 일도 있었습니다. 그리고 사실 선생님들 다 아시겠지만, 평일에 학교 밖 카페에 (공부할 거리가 잔뜩 쌓여 있더라도) 앉아 있는 것만으로도... 아시죠?

하지만 공부와 연구는 고통스럽기도 했어요. 거의 생전 처음으로 '스스로' 공부하고 연구의 목적을 정해서 연구를 시작해야 하는 상황은 쉬이 적응이 안 되었어요. 대학 졸업 이후로 논문은 들여다 본 적도 없는 사람이, 수업 하나 듣기 위해 수많은 논문을 찾아보고 이해하는 과정은 너무도 벅차고 힘들었습니다. 대학교 다닐 때는 학기당 20학점도 들었는데, 대학원에서 학기당 9학점씩 듣는 게 뭐 어렵겠느냐 겁 없이 시작했다가 뼈저리게 후회하기도 했습니다. (하지만 제가 파견된 방식으로는, 태생적으로 1학기에 최소 9학점씩 이상 들을 수밖에 없어 현실을 한탄할 뿐입니다) '내가 이렇게 힘들려고 학교를 박차고 대학원을 왔나' 싶은 마음이 수없이 들기도 했구요. 다음날 수업 걱정에 밤잠 이루지 못하는 날도 있었죠.

  돌이켜 보면 파견 기간은 감정이 널뛰듯 즐거웠다가, 고통스러웠다가, 행복했다가, 슬펐다가를 반복하면서 보낸 것 같네요.
  곧 파견을 가시는 선생님들께는 '주저하지 마시라'고 말씀드리고 싶어요. 내 일상에서 '학교'가 사라진 것이 너무 낯설어서, 처음에는 무언가를 새로 시도하는 데 앞서 '이래도 되나, 내가, 지금?'이라는 생각에 주저하는 시간이 많았어요. 저를 다시 파견 시작 시점으로 보내준다면 주저하지 않을 겁니다. 즐기는 데도 주저하지 않을 것이고요, 연구를 준비하는 데도 겁먹고만 있지는 않을 거예요. 뭐든지 시작만 하면 되더라구요. 즐기는 것도 공부하는 것도.

4. 논문 쓰는 과정(주제선정, 실험, 작성, 발표 준비 등)에서 어려웠던 점은 무엇인가요? / 논문을 앞둔 입장에서 걱정되는 점은 무엇인가요?

논문을 쓰는 데 있어 '주제만 잘 잡으면 반은 간다'는 이야기를 줄곧 들으면서 파견 생활을 했습니다. 실제로 그런 것도 같아요. 운 좋게 내 관심사와 딱 떨어지는 주제를 결정하면, 해야 할 일은 그 뒤로 자동으로 쭉 이어지게 마련인 것 같더라고요. 저는 운 좋게 1학기에 지도교수님 수업을 들으며 연구 주제를 일찌감치 얻게 되었어요. 그래서 1학기 수업 보고서를 쓰는 과정이, 곧 제 석사 논문의 진행 과정이 되는 행운을 얻었습니다. 3학기에 접어든 지금, 아직도 주제를 확정하지 못해 마음고생하고 계신 선생님들도 계신 것으로 보아, 저는 정말 큰 행운을 얻은 것이라 생각합니다. 주제 선정은 그나마 쉽사리 넘어간 제게 어려운 일은 두 가지 정도로 말할 수 있을 것 같습니다.

첫 번째는 '제 깜냥'을 아는 일입니다. 제가 어느 정도의 연구를 해낼 수 있는지 전혀 감이 안 잡혔고, 여전히 어떻게 마무리 지어야 하는지 모르고 있습니다. 연구 방법을 정하고 수행, 조정해 나가는 데 있어서 제가 어느 정도를 해낼 수 있을지를 잘 모르고 연구 범위를 한없이 넓혔다가 좁히기를 수없이 반복했어요. 그러다 지도교수님이 곁에서 조언해 주시면 겨우 좇아가는 일이 부지기수였구요. 현재는 연구 과정을 진행 후 결과물을 정리하고 있는 상황인데도, 제가 이 정도로 연구를 마무리 지을 수 있는 것인지, 마무리 지어도 되는 것인지 파악이 안 되고 있습니다.

두 번째는 연구자로서의 나와 교사로서의 나를 거리 두게 하는 일입니다. 교사이면서 연구자인 제가 교사들의 경험을 살피는 연구에서 철저히 객관적일 수가 있을까요. 선생님들을 면담하면서 저도 모르게 선생님들께 빙의하듯 감정을 같이 나누는 게 너무도 당연했어요. 같이 화내고, 같이 속상해하고... 예비 조사를 끝내고 논문 계획을 발표하는 자리에서 주임 교수님께서 '관찰자로서', '연구자로서' 보기 위해서 노력해야 한다는 조언을 해 주셨고, 그 조언은 제게 너무도 타당한 지적이었다고 생각합니다. 다른 선생님들의 논문 주제 역시 주로 학생이나 교사, 교육 정책과 관련된 주제인 경우가 많을 텐데, 저처럼 거리두기 때문에 고민을 하게 되실 수 있을 것 같아요. 좋은 연구를 위해서는 꼭 필요한 지점인 것 같습니다. (여전히 저는 잘 안 되지만요)

5. 파견을 마치고 나서, 혹은 파견 생활을 하면서 파견 전과 달라진 점은 무엇인가요? 선생님의 삶에서 파견은 어떤 의미가 있을까요?

파견 전과 달라진 점이라. '교육학'의 의미를 깨달았다는 것이요? 국어교육과를 다닐 때는 교육학을 '외워야 하는 과목'이라고 생각했어요. 교육통계나 교육평가 과목 들으면서 못해먹겠다고, 나는 임용 이후로 다시는 교육학은 쳐다도 안 본다고 했던 전데요. 파견 나와서 어쩌다 보니, 그 싫고 싫었던 교육학 공부를 본격적으로 하고 있는 거죠. 사람 일은 어떻게 될지 모른다는 말이 딱이네요. 파견 기간에 교육학을 공부하면서 학부생 때의 편견을 말끔히 지웠습니다. 교육학이 학교에, 학생에게, 교사에게 밀접하게 영향을 미친다는 생각이 강해졌고요. 가끔은 교육학이 뜬구름 잡는 얘기 같고, 학교와 학교 구성원들을 삐딱하게만 보는 것 같고, 대안도 없으면서 비판만 하는 것 같기도 하고... 하지만 이런 것들 모두 교육을 위해 필요한 일이라고 생각하게 되었습니다. (교수님께서 좋아하실 것 같은 답변이네요?)

제 삶에서 파견은 재충전이고, 전환이고, 확장이었습니다. 국어교사로 살아왔던 제 삶을 정리하고 재충전하는 시간이었고, 무엇이든 시작하기에 아무것도 늦지 않았다는 것을 확인할 수 있는 시간이었고, 학교 안에만 머물렀던 제 시야를 학교 바깥으로 더 넓힐 수 있는 시간이었어요. 사실은 더 많은, 훌륭한 수사를 더 할 수도 있어요. 제게 참 소중한 시간이었거든요. 제 입직 10주년 기념에 걸맞은, 아니 과분한 시기였다고 생각합니다.

6. 파견을 고민하고 계신 선생님들께 하고 싶은 말이 있다면?

고민하실 필요 없어요. 그냥 시작하시면 됩니다. '붙을 수 있을지', '잘할 수 있을지' 걱정하지 않으셔도 됩니다. 우리 항상 그러잖아요. '어찌 됐든 학교는 굴러가게 되어 있다.' 학교가 어떻게 굴러가겠어요, 사실 우리 힘으로 굴러가는 거죠. 코로나 시국에도, 전쟁 통에도 교사는 학교를 제대로 굴립니다. 이런 교사들이 파견 하나 못해내겠어요? 우리는 당연히 어디서든, 무엇이든 잘합니다. 어떻게든 구르죠. 저라고 '붙을 것 같아서', '잘할 것 같아서' 시작했겠나요. 이 글을 읽고 계시는 선생님들, 평생 한 번 있을까 말까 한 소중한 기회를 어서 잡으시기를 바랍니다.

PART2.

왜 교사석사 파견 실시하고 있나?

제5장 교사석사 파견 법적근거 및 지원자격

교사석사 파견의 법적 근거를 살펴보고자 한다. 법적 근거를 알아봄으로써 교사석사 파견의 목적, 취지 등을 알 수 있기 때문이다. 더 나아가 전체적인 사업의 목적과 취지를 이해하게 되면 석사 파견 사업의 목적을 달성할 수 있는 '적임자'가 될 수 있기 때문이다. 적임자가 된다면 선발은 당연할 것이다. 학교에서 일을 하다가 보면 사업의 목적보다는 문구 하나에 집착하는 경우가 많다. 훈령과 지침의 문구 하나하나를 꼼꼼히 살펴봄과 동시에 사업의 목적을 함께 염두에 두면 사업목적을 더욱 쉽게 도달할 수 있을 것이다. 그래서 이번 장에서는 교원석사 파견의 취지를 알아보도록 하겠다.

「교육공무원 임용령」 7조의3에서는 교육기관 · 교육행정기관 및 교육연구기관의 장은 다음 각 호의 어느 하나에 해당하는 경우에는 「국가공무원법」 제32조의4 또는 「지방공무원법」 제30조의4에 따라 소속 교육공무원을 파견할 수 있다고 명시하고 있다. 그중에서 교원 석사 파견은 제4호 「교원 등의 연수에 관한 규정」에 의한 교육공무원의 연수를 위하여 필요한 경우에 해당한다.

「교원 등의 연수에 관한 규정」에 의하면 교사석사 파견은 특별연수이다. 규정 제13조(특별연수자의 선발)에서는 ① 교육부장관 또는 교육감은 특별연수자(제2항에 따른 특별연수의 대상자는 제외한다)를 선발할 때에는 근무실적이 우수하고 필요한 학력 및 경력을 갖춘 사람 중에서 선발하여야 한다. 이 경우 국외 연수자는 필요한 외국어 능력을 갖추어야 한다.

한국교원대학교 대학원 특별전형 지원자격과 추천제외자를 보면 학력 및 경력에 대해 주로 제시되어있다. 지원자격 중 학력은 학사학위 취득 예정이거나 취득자이다. 교원은 교사자격증이 있는 자만이 될 수 있는데 교사자격증은 학사학위가 있어야 취득할 수 있다. 그래서 지원자격 중 학력 부분에 학사학위는 명시하지 않은 경우가 많다. 다만, 학력과 관련한 제한요건을 보면, 석사학위 이상을 취득한 자의 경우에는 지원을 하지 못하도록 하고 있다.

다음으로, 지원자격 중 경력은 실교육 경력이 3~5년 이상인 경우이다. 특히, 각 시도에서 근무한 경력을 주로 활용하고 있다. 제한요건으로 타 교육파견을 경험한 자는 일정한 기간 중에는 지원하지 못하도록 하고 있다. 또한, 초빙이나 파견을 하고 있는 경우와 징계가 있는 경우는 각 시도별로 지원자격을 확인하는 것이 필요하다.

근무실적의 우수성은 소속기관장의 추천으로 주로 확인하고 있다. 특이하게 대전의 경우에는 학생 지도(교육장 이상 입상), 연구 활동(승진 가산점 0.5점 이상), 대전 교육발전 기여(장학, 연구, 자료 개발 활동 등) 등 대전 교육발전에 기여도가 높은 자의 조건이 있으며, 대구의 경우 특별연수이후 IB관심(후보)학교, 연구(시범)학교, 교과중점학교근무 및 교육청 주관 각종 교육활동 참여가 가능한 자의 지원자격이 있다. 구체적인 한국교원대학교 특별전형 시도교육청별 지원자료는 한국교원대학교 대학원 입학홈페이지-모집요강(https://gradent.knue.ac.kr/index.php)을 참고하자. 하지만 정확한 자료는 해당 시도교육청 공문이기 때문에 해당 시도교육청 공문을 꼭 확인하기를 바란다.

부록에 2022학년도 한국교원대학교 전기 대학원 특별전형 시도별 지원자격이 있다.

「교원 등의 연수에 관한 규정」 제15조(복귀명령) 교육부장관 또는 교육감은 특별연수자가 제14조에 따른 의무나 지시사항을 위반하여 연수 목적을 현저히 벗어나거나, 질병 또는 그 밖의 부득이한 사유로 연수를 계속할 수 없게 되었을 때에는 그 연수자에게 지체 없이 복귀를 명하여야 한다. 경남과 세종에서는 "한국교원대학교 대학원 특별전형 파견 기간 중 휴직 등의 사유로 석사과정 이수가 불가능할 경우 원소속교로 복귀하여야 하며, 향후 재파견 불가"로 명시하고 있다. 육아휴직 등 휴직이 예상되는 경우를 '질병 또는 그 밖의 부득이한 사유로 연수를 계속할 수 없게 되었을 때'로 명시하고 있다. 육아휴직 등 휴직을 사용할 계획이 있다면, 각 시도교육청에서 육아휴직 등 휴직을 연수를 계속할 수 없게 되었을 때로 판단하고 있는지를 지원 전에 미리 판단해보는 것이 좋을 것이다.

「교원 등의 연수에 관한 규정」 제16조(복무 의무)에 따르면 ① 교육부장관 또는 교육감은 법 제40조 제1항에 따라 6개월 이상의 특별연수를 받은 사람(특별연수 중에 복귀한 사람으로서 연수를 받은 기간이 6개월 이상인 사람을 포함한다)에 대해서는 6년의 범위에서 연수기간과 같은 기간(국내에서 일과 후에만 실시하는 특별연수의 경우에는 연수기간의 50퍼센트에 해당하는 기간으로 한다)을 연수 분야와 관련된 직무 분야에 복무하게 하여야 한다. 다만, 복무 의무를 부과하기가 곤란하거나 복무 의무를 부과한 후 이를 이행할 수 없는 특별한 사유가 있는 경우에는 복무 의무를 면제할 수 있다. 이에 따라 각 시도교육청에서는 2년에서 5년 이상의 복무의무를 요구하고 있다.

석사 파견을 한 후 박사학위 취득을 위해 연수휴직을 하고 의원면직(사표를 내는 경우)하는 경우가 있다. 이 경우에는 제17조 (연수 경비의 반납조치)에 따라 ① 교육부장관 또는 교육감은 특별연수자가 다음 각 호의 어느 하나에 해당할 때에는 별표 2의 반납액 산정기준에 따라 해당 연수에 든 경비의 전부 또는 일부를 본인이나 연대보증인으로 하여금 반납하게 하여야 한다. 5항 제16조 제1항 본문에 따른 복무 의무를 이행하지 아니하였을 때에 해당하여 연수 경비를 반납해야 한다.

교사는 시도교육청 입장에서 매우 중요한 인적자원이다. 교사가 경력을 쌓아가면서 학교에서는 물론 교육(지원)청에서 교육전문직으로 지역의 교육발전을 위해 중추적인 업무를 하기 때문이다. 석사 파견은 시도교육청의 교육발전을 위한 인재양성측면에서 실시되고 있는 것이다. 따라서, 지원하고자 하는 선생님은 현장연구역량을 함양하여 지역의 교육발전에 도움이 되고자 하는 마음으로 지원하면 좋을 것 같다.

제6장 교사석사 파견에서 기를 수 있는 역량

경기도교육청에서의 교사의 핵심역량[1]을 다음과 같이 제시하였다.

· 교수역량(교과 전문성, 수업 설계 및 운영, 디지털 활용 능력)
· 생활교육역량(생활교육, 진로역량)
· 공동체 역량(비전 수립 및 공유, 소통 및 협력, 참여와 책임의식, 네트워크)
· 자기개발 역량(변화대응, 학습과 연구, 자기 관리)

교사석사 파견을 하면서 기를 수 있는 교사의 핵심역량은 일차적으로 '학습과 연구'가 있는 자기개발 역량일 것이다. 하지만 대학원에서 전공에 따라 교과교육이라면 교수역량을 키울 수 있고, 상담대학원이라면 생활교육역량을 기를 수 있을 것이다. 공동체 역량은 대학원이 수업이 주로 조모임, 세미나 형식임을 고려한다면 수업시간에 함께 발표 준비하고 토의토론하는 과정에서 공동체 역량을 기를 수 있다. 더불어, 석사 파견기간 중에 다른 교사들과 만날 수 있어 네트워크도 확장할 수 있다.

---

1) 경기도교육청 교원역량개발과(2021.1.). 교원 역량강화 정책 추진 방향.

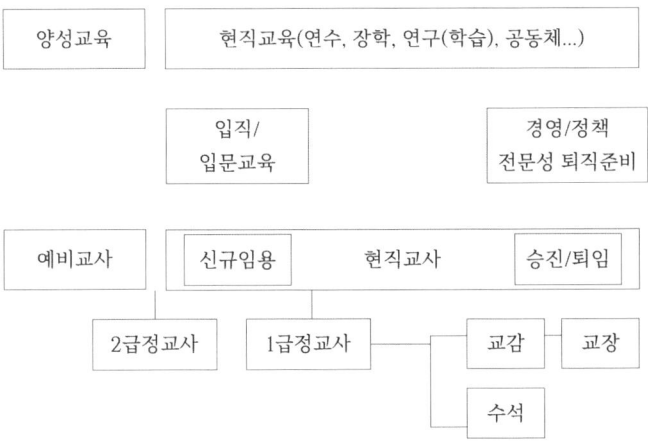

<교사 전문성 개발과 교사교육[2]>.

또한, 위의 그림에서 볼 수 있듯이 교사석사 파견은 현직교육에 해당된다. 현직교육은 교직생활 중에서 교육이 이루어지는 것으로 현직교육 중에서도 교사석사 파견은 연구(학습)에 해당된다. 교사는 전문직이기 때문에 꾸준히 전문성을 함양하는 것이 필요한 것이다. 교사석사 파견은 2년이라는 긴 시간 동안 이루어지는 특별연수이다. 비교적 긴 시간 동안 현업에서 벗어나서 전문직으로서 현장연구역량을 함양할 수 있는 좋은 기회인 것이다.

석사 파견 중인 교사들을 대상으로 한 질적연구들을 살펴보면 석사 파견을 통해 공통적으로 경험하게 되는 것은 '교사로서 전문성 신장'이다.

---

[2] 박수정·김용·엄문영·이인회·이희숙·차성현·한은정(2021). 오늘의 교육 내일의 교육정책. 서울:학지사. pp.81.

교사석사 파견 긍정적인 경험	
정영희 · 신세인 · 이준기(2015)[3]	· 학생으로 돌아가 자신을 되돌아보는 공감의 기회 · 과학자 혹은 연구자 삶을 직접 체화해 보기 · 과학교사들의 교과전문가로서의 자신감을 제고
김 경 · 유선아 (2016)[4]	· 삶의 전환점으로서의 파견생활 · 대학원 수업 및 교육과정에 대한 인식 - 다양한 영역에 대한 탐색 - 초등과학교육 전공으로의 특수성 - 연구자로서의 교사
유예진 · 배명훈 · 김영식(2021)[5]	· 파견 생활 중 주로 소통하고 교류하게 되는 대상은 동료 대학원생과 파견교사, 교수나 선배 연구자 등 변화 · 파견 생활 중 대화의 범위가 체육 관련 배경지식이나 정보, 논문과 연구, 교사로서 또는 개인으로서 자신의 삶, 파견 생활 등 광범위한 것으로 확장 · 체육교육 전문성 신장

연구 결과를 보면 석사 파견을 통해 얻게 되는 긍정적인 경험은 교사의 전문성 신장과 더불어 연구자로서의 생활, 학생으로 다시 돌아가 보는 경험, 교류하게 된 대상과 대화의 변화 등을 들고 있다.

다만, 연구를 하면서 겪는 어려움도 있을 것이다. 다음은 상담전공 교육대학원 석사과정 대학원생이 겪은 연구의 어려움과 대처 경험에 관한

---

3) 경기도교육청 교원역량개발과(2021.1.). 교원 역량강화 정책 추진 방향.

4) 박수정·김용·엄문영·이인회·이희숙·차성현·한은정(2021). 오늘의 교육 내일의 교육정책. 서울:학지사. pp.81.

5) 유예진 · 배명훈 · 김영식(2021). 초등교사의 체육전공 석사 파견 경험 및 의미에 관한 내러티브 탐구. 한국체육교육학회지, 제26권 제2호, pp.15-35.

표[6]이다. 연구과정에서 겪게 되는 힘든 점이 제시되어 있다.

<상담전공 석사과정 대학원생이 겪은 연구의 어려움과 대처 경험>

구성요소	하위 구성요소
연구에 대해 알지 못해 막막함을 느낌	연구가 상담에 어떤 도움이 되는지 알지 못함
	연구 주제를 정하지 못함
	연구에 대한 사전 경험과 지식의 부족으로 글이 써지지 않음
학교에서 연구와 관련된 구체적인 도움을 받지 못함	논문지도가 충분하지 않다고 느낌
	연구를 설계하는 방법에 대해 배우기를 원함
	연구방법수업이 부족하여 혼자 공부해야 하는 것에 부담을 느낌
연구방법에 대한 시행착오를 겪음	자료수집에 대한 어려움
	자신의 분석능력이 부족함
연구과정 중에 내적 위기감을 느낌	연구를 시작하면서 자존감이 낮아짐
	자기자신을 직면하는 과정에서 고통을 받음
	제한된 시간으로 인해 심리적 압박감을 느낌

---

6) 유예진·배명훈·김영식(2021). 초등교사의 체육전공 석사 파견 경험 및 의미에 관한 내러티브 탐구. 한국체육교육학회지, 제26권 제2호, pp.15-35.

연구에 대한 내적동기로 인해 포기하지 않고 끝까지 연구하게 됨	전문성을 기르고 타인에게 도움이 되고자 함
	연구의 재미와 보람을 경험함
	개인적 특성으로 인해 연구에 대한 동기부여가 됨
지지와 격려를 통해 심리적인 안정감을 느끼게 됨	가족의 이해로 연구에 집중할 수 있게 됨
	동기와 연구하는 과정을 함께함
	교수의 긍정적인 말에 힘을 받음
연구를 위한 공부를 스스로 함	연구에 필요한 교육을 찾아서 들음
	자신의 연구와 비슷한 선행연구를 찾아봄
주변 사람들에게 연구에 대한 실질적인 도움을 받음	논문작성에 대한 피드백을 받음
	교수가 연구에 필요한 환경을 제고해 줌
	자료수집에 상담분야 동료의 도움을 받음

 석사과정 연구과정에서 연구주제선정, 연구설계방법, 자료수집, 자료분석 등의 어려움을 겪지만 내적으로는 스스로 자료를 찾아보거나, 연구의 재미와 보람을 등을 경험하고 외적으로는 지지와 격려를 받으면서 연구역량이 신장되는 것을 알 수 있다.

 이상에서 살펴본 바와 같이 연구를 하면서 어려움을 겪게 되겠지만 교사석사 파견을 경험한다는 것은 교사로서 전문성을 신장할 수 있는 더할 나위없는 기회인 것은 틀림없다. 교직 생활을 하면서 느꼈던 교사로서의 부족함을 채울 수 있는 기회인 것이다. 이 책을 읽고 독자 분들도 교사석사 파견을 통해 전문성을 함양할 수 있는 기회를 얻기를 바란다.

제7장 교사석사 파견을 바라보는 시선들

'아기 키우기에 낫겠네'
'2년 동안 학부모 민원 없어서 좋겠네'
'한동안 수업 걱정 안 해서 부럽다'

석사 파견 인사발령 후에 동료 선생님들의 축하 인사다. 교사들 사이에서도 석사 파견을 가게 되면 수업과 업무에서 벗어난 편안한 시기라고 생각한다. 그 이유는 학부시절처럼 다시 대학교로 돌아간다는 점, 수업을 준비하다가 수업을 받으러 간다는 점, 학생과 학부모로부터 2년 동안 멀어진다는 점, 대학 사정에 따라서는 매일 출근하지 않고 자택에서 연구할 수 있다는 점 때문일 것이다. 석사 파견을 가게 되면 학교에서보다는 시간적 마음적 여유가 있을 확률이 높다. 물론 어떤 대학인지, 지도교수가 누구인지에 따라 상황은 다르겠지만 말이다. 더불어 '출근·수업 않고 대학원 다니는 교사 수두룩'(2021.5.4., 국민일보)처럼 교사의 석사 파견을 부정적으로 보는 사회적 시선도 있는 것이 사실이다. 다음은 기사의 내용을 일부 발췌한 것이다.

"이를 두고 학교 업무와 전혀 관련이 없는 대학원 수업을 받는 교사들에 대한 과도한 특혜라는 비난이 나온다. 해당 학교에서 이들의 공백을 기간제교사 등으로 메워야 하기에 재정적 압박 요인이 된다는 비판도 뒤따르고 있다.

광주시교육청 한 간부급 직원은 "법령 근거가 있지만 대학원 파견 교사제는 학교 현장의 재정적 어려움을 고려하지 않는 비현실적 제도"라며 "기간제교사 충원 등 사회적 비용도 만만치 않은 만큼 개선방안을 찾아봐야 한다"고 말했다. 학부모들도 "교사가 2년 동안 출근도 수업도 하지 않는 것은 일반 직장에서는 상상하기 힘든 특혜다"고 비판했다."

이러한 비판의 핵심은 두 가지이다. 1) 학교 업무와 전혀 관련이 없는 대학원 수업을 받고 있으며 2) 학교 현장의 재정적 어려움이다. 우선 석사 파견이 학교업무와 전혀 관련이 없는 것은 아니다. 우선 전공에 따라 석사과정에서 배운 내용을 수업과 학교에 적용할 수 있다. 교과교육학을 전공하였다면 교실수업에 적용할 수 있으며, 교육학을 전공하였다면 학교경영에 적용할 수 있다. 다음으로 현장연구에 대한 이해를 심화하여 학교현장 문제 해결에 중요한 역할을 할 수 있다. 개인적인 직관이나 경험으로 문제를 해결하는 것이 아니라 과학적인 연구방법을 통해 학교의 문제를 해결할 수 있는 것이다. 예를 들어, 학습된 무기력으로 매번 잠자는 학생의 문제를 개인적 경험만으로 해결하기보다는 관련 논문과 책을 통해 학교에 적용가능한 교육방법을 도출하여 적용한다. 그 결과를 과학적으로 도출해보는 과정을 통해 해결할 수 있다. 이러한 과정은 대학원 학위과정을 수학하면서 체계적으로 배울 수 있는 역량이다.

다음으로 재정적 어려움이다. 교육재정은 유한하기 때문에 우선순위를 두고 집행하고 있다. 앞서 말한 것처럼 교사는 학교교육의 핵심적인 인적자원이다. 핵심적인 인적자원을 교육하여 역량을 키우는 연수파견이 재정집행의 우선순위에서 밀려서는 안 될 것이다. 교육의 질이 교사의 질을 넘을 수는 없기 때문이다.

하지만, 석사 파견에 대한 교사들의 인식과 사회적인 인식은 무시할 수 없는 현실이다. 일부 석사 파견 지원하는 선생님들도 석사 파견에 대한 막연하고 안일한 인식으로 석사 파견을 희망할 수 있다. 석사 파견이 국민의 세금으로 이루어지며, 매년 높은 경쟁률로 다른 교사의 기회를 대신한다는 점을 생각해야 한다. 단순히 육아와 일을 병행하기 쉬운 시간, 학생과 학부모로부터 벗어나는 시간이라는 안일한 생각으로 석사 파견을 하게 된다면 부정적인 인식은 점점 심화될 것이다.

다음은 필자 중 한 명이 석사 파견 준비 시기에 석사 파견을 가게 되면 할 일이라고 생각해 보았던 일이다.

① 교육현장 업무측면의 문제점의 원인과 해결방안을 찾기
② 현장연구방법론에 대한 이해와 적용을 심화해보기
③ 지역 및 학교 발전 방향에 대해 생각해보기
④ 지역교육청 관련 사업에 적극 참여해 보기

①은 평소 업무전담을 하면서 가졌던 교사의 업무부담의 원인과 해결

방안 찾기이다. 학교에서 업무를 주로 하면서 '나는 정말 교사인가'라는 생각을 자주하였다. ②번은 부장회의나 교과협의회시 문제에 대한 해결 방안으로 개인적인 경험과 육감만으로 설명하던 나로부터 벗어나고 싶은 마음 때문이었다. ③과 ④는 석사 파견은 나름 혜택이고 기회인데 그런 혜택과 기회를 준 지역 교육에 이바지를 해야 한다는 생각에서이다.

   석사 파견을 지원하고자 하는 선생님들은 위의 내용처럼 석사 파견 합격한 후에 무슨 일을 할 것인지 생각해보자. 이러한 준비시간을 통해 석사 파견에 합격할 확률이 높아질 것이다. 더불어 실제 석사 파견을 가서 실행하기 위해 노력한다면 석사 파견에 대한 사회적 인식도 긍정적으로 바뀔 수 있을 것이다.

PART 3.

교사석사 파견 전, 알아야 할 것

제8장 일반대학원, 교육대학원? 파견, 휴직, 일학업병행?

　교사가 일반적으로 가는 대학원은 일반대학원과 교육대학원이 있다. 위키백과에 따르면 일반대학원, 전문대학원, 특수대학원이 있으며, 전문대학원 - 전문 직업 영역 (법학, 의학, 경영학 등)이며, 특수대학원은 직업인 및 일반 성인 대상(석사과정)이다. 교육대학원은 특수대학원이다. 교육대학원은 교사의 재교육, 양성을 위해 설립되었으므로, 수업이 야간(주간제)이나 방학(계절제) 때 개설된다. 또한, 대학별로 다르기는 하지만 대체로 학위논문제출 대신에 대체학기이수로 석사학위를 취득할 수 있다.

　일반대학원은 연구를 위주로 하기 때문에 주로 수업이 주간에 운영되나 대학에 따라 야간에 개설되는 경우도 있다. 석사 파견의 경우 일반대학원에 주로 재학하나 교육대학에서는 교육대학원에 재학하는 경우도 있는 것 같다. 하지만 석사 파견이 전일제, 종일제로 운영되는 것만은 확실하다. 일과 학업이 병행 가능하다면 굳이 파견 제도를 운영할 필요가 없기 때문이다.

　대학원을 가기로 했다면 전일제를 갈 것인지 야간제(계절제)를 갈 것인지 결정해야 한다. 대체적으로 전일제는 일반대학원이고, 야간제(계절제)는 교육대학원이나 모든 대학원이 꼭 그런 것만은 아니다. 원서접수를 하기 전에 학과사무실에 전화해서 수업시간이 대체적으로 어느 시간 대인지를 미리 문의해보는 것이 좋을 것이다. 아니면 입학요강을 통해서 확인해볼 수도 있다.

그 다음에는 석사 파견, 연수휴직(자율연수휴직), 일과 학업 병행을 결정해야 한다. 일과 학업을 병행할 경우 연가나 방학의 경우 출장(연수)을 활용할 수 있다. 교원휴가업무처리요령에 따르면 일반대학교, 대학원 출석 수업에 참석하는 경우에 다음연도의 연가를 미리 사용할 수 있다(국가공무원 복무규정 제16조제6항 관련).

연수휴직은 청원휴직으로 3년 이내로 나누어서 사용 가능하다. 보수(월급)는 지급되지 않으나, 학위를 취득하면 경력이 인정될 수 있다. 복직일에 호봉재획정을 해야 한다. 구체적인 것은 시도교육청별로 달라 각 시도교육청 인사규정을 확인하기를 바란다. 학습·연구 등이 필요할 때 자율연수휴직을 1년 이내에 사용할 수 있다. 보수(월급)는 지급되지 않으며, 경력·호봉 경력도 삽입되지 않는다.

석사 파견은 보수(월급)가 지급되며, 경력과 호봉이 모두 포함된다. 다만, 석사 파견도 포기해야 하는 것들이 있다. 포기해야 하는 것은 ① 학생교육시 느낄 수 있는 보람 ② 학교생활에서 채울 수 있는 공무원 승진 규정에 따른 가산점 ③ 집에서 떨어진 대학원 진학 시 통학 및 거주지 문제 ④ 수당 등 미지급으로 인한 급여감소 ⑤ 지역별로 차이가 있지만 파견기간에 학교에 정원외로 처리됨에 따른 학교 복귀시 인사발령 후순위 배정 등이다.

2년 동안 학생들을 만나지 못함으로써 교사로서 보람은 얻기 힘들다. 석사 파견은 교사이기보다는 학생과 공무원에 가깝기 때문이다. 담임수당, 성과상여금 등 미지급으로 급여가 감소한다. 학교폭력예방실적, 근무실적 등 공무원 승진규정에 따른 가산점도 따기가 어렵다. 거주하는 집보다 먼 대학원에 진학하는 경우 통학 시간이 길어지거나 기숙사에 살아야 할 수도 있다. 마지막으로 지역마다 다르지만 학교 복귀 인사발령시 후순위가 되어 원하지 않은 지역이나 학교로 갈 수도 있다.

그럼에도 불구하고 교사석사 파견을 희망하는 이유는 다음과 같다. 석사 파견을 경험한 교사들을 대상으로 면담한 연구 결과 정영희·신세인·이준기(2015)[7]에서는 석사 파견을 지원한 동기를 '바쁜 학교생활', '일반연수로 채워지지 않는 갈증', '전문성 계발 욕구와 기회'를 들고 있다. 김 경·유선아(2016)[8]에서는 지원동기로 '바쁜 학교생활의 탈출구로서의 파견생활', '놓지 않은 배움에 대한 열망', '과학에 대한 흥미와 호기심', '과학 실험 및 탐구활동 지도에 대한 관심'을 들고 있다. 석사 파견을 지원한 동기는 여러 가지가 복합되어 있을 것이다. 이 책을 읽고 있는 여러분들도 석사 파견을 가고자 하는 이유는 여러 가지일 것이며, 연구결과와 비슷한 이유일 것이라고 생각한다.

이제까지 대학원의 분류와 수학할 수 있는 방법을 살펴보았다. 석사

---

[7] 정영희·신세인·이준기(2015). 교사와 학생과 연구자 사이에서: 석사과정 파견 과학교사들의 연수경험에 대한 현상학적 연구, 교원교육, 31권 1호, pp.1-35.

[8] 김 경·유선아(2016). 한국교원대학교대학원 초등과학교육전공 석사과정을 중심으로. 한국교원대학교청람과학교육연구논총, 22권 2호, pp.1-17.

파견 지원동기와 단점도 알아보았다. 각자의 상황과 자신의 경력 등을 고려하여 자신에게 적절한 대학원과 수학방법을 결정하도록 하자. 이제 석사 파견을 결정했다면 다음 장을 살펴보도록 하자.

제9장 준비는 빠르면 빠를수록 좋다

특별연수 석사 파견을 지원하기로 마음을 먹었다면 준비는 빠를수록 좋다. 지원하고자 하는 대학과 전형마다 경쟁률이 다르기는 하지만 대체적으로 경쟁률이 높은 편이기 때문이다. 〈표 1〉은 한국교원대학교 2022학년도 전기 대학원 석사과정 특별전형(정시모집) 시·도별 경쟁률을 정리한 것이다. 2022학년도에는 초등은 274명을 뽑는데 89명이 지원해서 평균 경쟁률 3.08이었고, 중등은 380명 뽑는데 89명이 지원해서 경쟁률 4.27이었다. 지역별로 뽑기 때문에 전체 경쟁률보다는 각 지역별 경쟁률을 참고하면 된다. 특히 세종시 경쟁률은 매년 다른 지역에 비해 높은 편이다. 아울러, 경북은 특차전형으로만 선발하고 있으며 특별전형에서는 선발인원이 없다. 각 시도별로 지원할 수 있는 대학과 선발규모에 차이가 있기에 미리 K-에듀파인에서 관련 공문을 찾아보자.

<표 1> 2022 전기 대학원 석사과정 특별전형(정시모집) 시·도별 경쟁률

지역	초등			중등		
	지원인원	모집인원	경쟁률	지원인원	모집인원	경쟁률
강원도	13	7	1.86	26	7	3.71
경기도	71	15	4.73	100	20	5.00
경상남도	17	5	3.40	44	6	7.33
광주광역시	9	4	2.25	11	4	2.75
대구광역시	6	5	1.20	7	6	1.17
대전광역시	31	6	5.17	17	4	4.25
부산광역시	4	2	2.00	5	2	2.50
서울특별시	18	15	1.20	33	17	1.94
세종시	26	2	13.00	31	2	15.50
울산광역시	6	2	3.00	4	2	2.00
인천광역시	14	5	2.80	20	5	4.00
전라남도	10	4	2.50	23	4	5.75
전라북도	33	12	2.75	21	5	4.20
제주도	6	3	2.00	8	3	2.67
충청남도	10	2	5.00	30	2	15.00
합계/평균	274	89	3.08	380	89	4.27

경쟁률이 높은 만큼 몇 번씩 도전하는 사람도 많다. 한번 떨어졌다고 실망할 필요는 없다. 계속 도전해봐도 좋다. 밑져야 본전이다. 준비가 충분히 되지 않았더라도 시험장 분위기와 문제 유형을 파악할 수 있어서 도전해보는 의미가 있다. 떨어졌다고 창피해 할 이유가 전혀 없다. 아무도 신경쓰지 않으니 계속 도전해보면 좋겠다.

다만, 자신의 경력, 육아휴직 여부 등을 고려하여 도전해보기로 정했다면 준비는 빠르면 빠를수록 좋다. 처음 시험을 보는 데에 모집 공문 이후에 준비를 시작하면 아무래도 실패할 확률이 크기 때문이다. 실경력 3년부터 지원할 수 있는 경우, 2년 차 겨울방학 때부터 준비하면 더 좋을 것 같다. 임용고사 준비하면서 공부한 내용을 더 잊어버리기 전에 말이다. 다른 한편으로는 학업과 육아를 병행할 수 있다는 장점이 있으므로 아이가 어릴 때 지원하는 것도 괜찮다. 개인적으로 적당하게 여겨지는 시기에 맞춰 준비하되, 도전하기로 마음을 먹었다면 빠르게 준비하자.

다음은 2017학년도부터 2021학년도까지 5개년 시도별 경쟁률을 나타낸 것이다. 시도별 모집인원과 지원인원을 참고하면 좋겠다.

2017학년도 전기 대학원 석사과정 특별전형(정시모집) 시·도별 경쟁률

지역	초등			중등		
	지원인원	모집인원	경쟁률	지원인원	모집인원	경쟁률
강원도	12	8	1.50	20	8	2.50
경기도	57	15	3.80	103	20	5.15
경상남도	23	7	3.29	17	5	3.40
광주광역시	5	4	1.25	15	7	2.14
대구광역시	5	3	1.67	4	1	4.00
대전광역시	21	6	3.50	24	7	3.43
부산광역시	15	4	3.75	14	4	3.50
서울특별시	18	20	0.90	36	24	1.50
세종시	25	2	12.50	25	2	12.50
울산광역시	3	2	1.50	5	2	2.50
인천광역시	13	5	2.60	20	5	4.00
전라남도	12	7	1.71	4	4	1.00
전라북도	26	7	3.71	11	3	3.67
제주도	2	1	2.00	6	2	3.00
충청남도	16	3	5.33	33	5	6.60
충청북도	21	7	3.00	21	9	2.33
합계/평균	274	101	2.71	358	108	3.31

2018학년도 전기 대학원 석사과정 특별전형(정시모집) 시·도별 경쟁률

지역	초등			중등		
	지원인원	모집인원	경쟁률	지원인원	모집인원	경쟁률
강원도	14	7	2.00	33	8	4.13
경기도	77	15	5.13	113	20	5.65
경상남도	21	7	3.00	33	9	3.67
경상북도	0	0	-	1	0	-
광주광역시	13	6	2.17	17	7	2.43
대구광역시	5	4	1.25	5	2	2.50
대전광역시	28	6	4.67	20	7	2.86
부산광역시	18	3	6.00	15	3	5.00
서울특별시	20	20	1.00	35	24	1.46
세종시	20	2	10.00	30	2	15.00
울산광역시	5	1	5.00	6	1	6.00
인천광역시	12	5	2.40	16	5	3.20
전라남도	13	7	1.86	19	6	3.17
전라북도	29	11	2.64	17	2	8.50
제주도	1	0	-	8	3	2.67
충청남도	23	3	7.67	45	5	9.00
충청북도	45	7	6.43	29	9	3.22
합계/평균	344	104	3.31	442	113	3.91

2019학년도 전기 대학원 석사과정 특별전형(정시모집) 시·도별 경쟁률

지역	초등			중등		
	지원인원	모집인원	경쟁률	지원인원	모집인원	경쟁률
강원도	6	8	0.75	33	8	4.13
경기도	90	15	6.00	94	20	5.65
경상남도	18	7	2.57	35	8	3.67
광주광역시	13	6	2.17	20	7	-
대구광역시	8	8	1.00	9	8	2.43
대전광역시	21	6	3.50	17	7	2.50
부산광역시	12	3	4.00	9	3	2.86
서울특별시	28	15	1.87	36	18	5.00
세종시	18	3	6.00	25	2	1.46
울산광역시	2	1	2.00	10	1	15.00
인천광역시	7	5	1.40	11	5	6.00
전라남도	10	7	1.43	12	7	3.20
전라북도	19	14	1.36	13	3	3.17
제주도	3	3	1.00	12	3	8.50
충청남도	13	2	6.50	50	4	2.67
충청북도	44	5	8.80	48	9	9.00
합계/평균	312	108	2.89	434	113	3.22

2020학년도 전기 대학원 석사과정 특별전형(정시모집) 시·도별 경쟁률

지역	초등			중등		
	지원인원	모집인원	경쟁률	지원인원	모집인원	경쟁률
강원도	14	8	1.75	32	8	4.00
경기도	74	15	4.93	97	20	4.85
경상남도	33	6	5.50	38	8	4.75
광주광역시	13	6	2.17	21	5	4.20
대구광역시	10	7	1.43	10	8	1.25
대전광역시	20	6	3.33	23	7	3.29
부산광역시	9	2	4.50	15	2	7.50
서울특별시	20	15	1.33	35	17	2.06
세종시	18	2	9.00	29	2	14.50
울산광역시	2	2	1.00	10	2	5.00
인천광역시	9	5	1.80	17	5	3.40
전라남도	9	7	1.29	22	7	3.14
전라북도	22	14	1.57	16	3	5.33
제주도	2	3	0.67	9	3	3.00
충청남도	15	2	7.50	42	2	21.00
충청북도	34	5	6.80	53	9	5.89
합계/평균	304	105	2.90	469	108	4.34

2021학년도 전기 대학원 석사과정 특별전형(정시모집) 시·도별 경쟁률

지역	초등			중등		
	지원인원	모집인원	경쟁률	지원인원	모집인원	경쟁률
강원도	13	7	1.86	32	7	4.57
경기도	64	15	4.27	68	20	3.40
경상남도	32	6	5.33	58	8	7.25
광주광역시	9	6	1.50	12	4	3.00
대구광역시	4	5	0.80	13	6	2.17
대전광역시	33	6	5.50	27	6	4.50
부산광역시	11	2	5.50	10	2	5.00
서울특별시	18	15	1.20	34	17	2.00
세종시	25	2	12.50	36	2	18.00
울산광역시	2	2	1.00	4	2	2.00
인천광역시	14	5	2.80	15	5	3.00
전라남도	10	7	1.43	18	7	2.57
전라북도	32	12	2.67	15	5	3.00
제주도	4	3	1.33	5	3	1.67
충청남도	11	2	5.50	29	2	14.50
충청북도	21	3	7.00	67	9	7.44
합계/평균	303	98	3.09	443	105	4.22

제10장 자신에게 유리한 대학과 전형 정하기

특별연수 석사 파견을 지원하기로 마음을 먹었다면 무엇부터 준비하면 좋을까? 가장 먼저 K-에듀파인에 접속해서 작년 문서함을 뒤지는 것이다. 적을 알고 나를 알아야 백전백승이다. 상대를 먼저 알아야 한다. 특별연수 석사 파견으로 가장 대표적으로 한국교원대학교가 있지만 시도교육청별로 지역 대학에 위탁하는 경우도 있다. 또한 시도교육청에 따라 한국교원대학교에서도 특별전형, 특차전형을 다르게 선발하는 경우도 있다. 그러므로, K-에듀파인 문서함에 접속해서 예년으로 기간을 설정하고 '특별연수', '석사', '파견' 등 키워드를 넣어서 각 시도교육청별로 실시하고 있는 특별연수 석사 파견을 조사해보자. 예를 들어, 충남의 중등 경우, 한국교원대학교 특별전형, 특차전형, 공주대 특별전형, 충남대 특별전형(공업교육)을 선발하고 있다. 또한, 대전 중등의 경우, 한국교원대학교 특별전형, 서울대학교 특별전형, 충남대 특별전형(공업교육)을 선발하고 있다.

각 시도교육청에서 특별연수 파견을 여러 개 운영하고 있어도 당해 학년도에는 한 군데만 지원하도록 하고 있다. 자신이 지원하고자 하는 대학이나 전형을 정하고자 할 때는 다음과 같은 조건을 염두에 두자.

1) 대학별 선발 유형

대부분의 대학들은 대학원 입시요강에 현직 교직원 특별전형을 따로 운영하고 있다. 시도교육청에서는 추천자를 선발하면 현직 교직원 특별전형 모집인원에 맞추어 일반전형과 다르게 전형을 실시한다. 다만 서울대학교의 경우는 사범대학 대학원 일반전형에 응시한다. 이와 별개로 충북, 충남 등 일부 교육청은 특차전형을 별도로 운영하기도 한다.

① (특별전형) 시도교육청에서 추천
→ 대학의 대학원 교직원 특별전형 응시
② (특차전형) 소속 교육청에서 지원자를 별도로 사전에 선발
③ (서울대학교 등) 시도교육청별 파견 추천자 선발
→ 사범대학 대학원 일반전형응시

2) 시도교육청별 추천자 선발 기준

시도교육청에서는 전형별, 대학별로 추천자 선발 기준을 다르게 설정하기도 한다. 추천자 선발 기준은 서류를 제출하는 경우 모두 추천자로 선발할 수 있고, 시도교육청에서 일정한 기준을 두어 모집인원만큼만 선발할 수 있다. 예를 들어, 대전의 경우 2022학년도 서울대학교 대학원

(사범대) 전기 모집 현직 교원 특별연수(석사과정) 응시 대상자 추천시에 심사기준으로 학교(원)장 추천 기준에 결격 사유가 없는 자, 승진 규정에 인정되는 연구 실적이 우수한 자, 학생 지도 입상 실적이 많은 자, 교육 공로 포상 또는 표창 실적이 높은 자, 대전광역시 교육 발전에 기여한 공이 큰 자 등의 기준이 있었다. K-에듀파인 문서함에서 특별연수 파견 연수를 검색하여 자신이 시도교육청 추천자로 선발될 수 있는 전형과 대학을 미리 찾아보자. 시도교육청의 추천자가 되지 못한다면 대학에서 시험 볼 기회도 없기 때문이다.

3) 대학별 전형 요소 및 배점

대학별로 전공별로 전형 요소와 배점이 다르다. 전형 요소로는 학부성적, 전공지필시험, 면접, 연구계획서, 서류평가 등을 실시한다. 2022학년도 한국교원대학교 특별전형의 경우 평가 유형은 전공에 따라 A형과 B형으로 구분된다. 환경교육, 초등음악교육, 음악교육만 A형이고, 다른 모든 과목은 B형이다. A형은 시험 없이 면접만 본다. B형은 시험과 면접을 둘 다 보는데, 시험이 200점 만점이고 면접은 20점 만점이다. 딱 봐도 시험이 절대적으로 중요함을 알 수 있다. 따라서, 대학별 전형요소 및 배점을 살펴보고 자신의 강점이 높은 전형과 대학을 지원한다면 합격할 확률은 높아질 것이다.

4) 지원하고자 하는 전공과 지도교수

학부 과정은 전공과 관련한 내용을 전반적으로 배운다면 석사과정은 특수한 분야를 전문적으로 공부한다. 그래서 자신이 공부하고자 하는 전공과 지도교수를 미리 알아보고 대학과 전공을 결정하는 것이 필요하다. 오로지 합격 가능성만을 생각해서 자신이 관심도 없는 전공에 진학하여 2년 동안 시간을 보낸다면 정말 허무하고 괴로울 것이다. 자신이 정말 공부하고 싶은 분야에 대해 깊이 있게 성찰해보고, 전공을 정하면 좋겠다. 더불어 자신이 속한 시도교육청에서 특별연수를 운영하는 대학이 여러 개 된다면 자신이 지원하고자 하는 전공의 교수님의 논문이나 책을 미리 살펴보고 결정하도록 하자. 가령, 국어교사임에도 평소 교사의 업무부담 감소에 관심이 있어, 교육행정으로 전공을 정할 수 있다. 한국교원대학교와 지역의 대학 중에 지역의 대학 교수님이 학교업무정상화에 관련한 논문을 작성한 것을 참고하여 지역의 대학에 지원하기로 결정할 수 있다. 이러한 과정을 통해 합격 가능성도 높아질 것이다. 전공에 대한 이해가 높아지고 지원동기도 자연스럽게 형성되기 때문이다.

4가지 조건을 바탕으로 지원하고자 하는 대학, 전공, 전형을 결정하였다면 마지막으로 원서접수 및 추천자 제출 공문이다. 한국교원대의 특별전형의 경우 파견에 대한 원서접수는 보통 8월 말~9월 초에 있기 때문에 8월 중에 공문이 도착한다. 놓치지 말고 꼭 확인해야 한다. 시험은

10월 중에 있고, 하루에 시험과 면접을 모두 치른다. 합격자는 11월 중에 발표된다. 물론 대학별로 추천자 제출 공문기한, 원서접수, 전형일은 다르니 작년 공문과 모집요강을 확인하는 것은 필수이다. 애써서 준비했는데 시기를 놓쳐 시험도 치르지 못하는 낭패를 당하지는 말자.

이렇게 여러분은 합격에 한 걸음 더 다가섰다고 할 수 있다. 자신에 대한 이해를 바탕으로 전공과 대학, 전형을 선택해서 특별전형 연수파견에 도전하는 것이기 때문이다. 이제 7부 능선을 넘었다. 임용고사도 당당하게 합격했던 선생님들이기 때문에 다음 장의 시험준비 역시 어렵지 않을 것이다.

다음은 각 대학별로 전형을 정리한 표이다.

<표 2> 각 대학별 교사석사 파견 전형요소 정리

대학원	모집인원	지원요건	전형요소(배점)	비고
서울교대 교육전문대학원	23			
경인교대 교육전문대학원	8 (종일제)	교직경력 5년 이상		공동 연구 실적 연간 1편 이상
공주교대 교육대학원	2 (주간제 전공 과정)	교직경력 10년 이상	학업계획서(20) 교육경력(10) 면접시험(70)	

대학원	인원	자격요건	전형요소
청주교대 교육대학원	7	특별연수 대상 자로 선발(충북) 교육경력 3년 이상(세종)	교육경력(50) 면접시험(50)
전주교대 교육대학원	20 (야간제)	전라북도교육청 추천	면접(100)
대구교대 교육대학원	-	교육감 추천	연구계획서(100) 교육경력(25) 연구실적(5) 학사 과정 성적 (30) 면접(40)
공주대 일반대학원	-	실무경력 7년 이상	대학 성적(30) 면접(70) 전공에 따라 필기고사 또는 연구계획서 필요
충남대 교육대학원	-	기계공학교육, 화공·섬유교육, 전기·전자·통신 교육, 건설교육	면접구술고사 (50) 학사과정 성적 (20) 경력(30)
전남대 일반대학원	6(중등) 4(초등)	광주광역시 교육감 추천	면접고사(100)
전북대 일반대학원	5	교육경력 3년 이상 학사과정 전 학년 성적평균 80점 이상	서류심사(50) 구술고사(50)
부산대 일반대학원	4(중등) 3(초등)	교육경력 5년 이상	서류심사 면접고사

PART 4.

교사석사 파견 전, 해야할 것

제11장 자기소개 및 연구계획서 작성

당연하지만 대학별로 제출서류가 다르다. 여기에서는 한국교원대학교 특별전형을 위주로 설명하고자 한다. 2022학년도 한국교원대학교 대학원 특별전형에서 제출해야 할 서류에는 입학원서, 자기소개 및 연구계획서, 대학 전 학년 성적증명서, 대학 졸업증명서, 재직증명서, 교원자격증 사본, 개인정보 수집 이용 동의서 등이 있다.

> **원서접수 TIP**
>
> 대부분 학교에서 면접은 접수(수험)번호 순서대로 진행되기 때문에 접수(수험)번호가 뒷자리면 오래 기다려야 할 수도 있다. 이때 기다리는 시간이 상당히 지루하다. 파견에 도전하기로 마음 먹었다면 빠르게 원서를 넣어서 수험번호 앞자리를 맡도록 하자. 그래야 면접을 일찍 마치고 집에 갈 수 있다.

특히, 자기소개 및 연구계획서 작성 시 막막할 수 있다. 자기소개서에는 경력(대학 생활 또는 직장 활동 상황), 지원동기 및 장래계획, 연구실적 목록(논문, 보고서, 연구 참여 등), 기타(수상경력 등)를 써야 하고, 연구계획서에는 진학 시 희망 연구 분야 및 연구 계획을 써야 한다. 한국교원대학교의 경우 어떻게 칸을 채워야 할지 머리 싸매고 고민할 필요 없다. 꼭 모든 칸을 채우지 않아도 되고, 몇 장씩 길게 쓰지 않아도 된다고 생각한다. 필자 중 한 명은 연구실적 목록과 기타 칸은 공백으로 두었고 달랑 1쪽만 썼다. 이걸 정성 들여 쓸 시간에 전공 공부를 더 하는 게 나을 수 있다. 분량을 채우기 위해 있는 얘기 없는 얘기 다 갖다 붙이지 말자. 내가 왜 지원했는지, 대학원에서 어떤 연구를 하고 싶은지, 앞으로 어떤 계획이 있는지 있는 그대로 진술하게 쓰면 된다. 왜냐하면 한국교원대의 경우 자기소개 및 연구계획서에 배점이 있지는 않고 면접 때 교수님이 보면서 질문하시는 용도로 주로 쓰이기 때문이다.

여기에서는 자기소개 및 연구계획서를 쓰는 스타일에 대해서 자세히 말하고자 한다. 자기소개서 유형은 ①서술식, ②개조식으로 나눌 수 있다. 대부분의 선생님들은 자기소개서를 서술식으로 쓰고, 가독성을 높이기 위해 소제목 정도를 붙일 것이다. 하지만 대부분의 자기소개서는 자유 형식이며 바쁜 교수님들의 가독성을 높이기 위해 개조식으로 작성해도 된다.

사실, 서술식으로 쓸지, 개조식으로 쓸지는 크게 상관이 없을 것이다. 자기소개서 문체만으로 합격이 결정되지는 않을 것이기 때문이다. 다양한 형식이 가능하며 자기의 생각을 읽는 사람에게 효과적으로 표현할 수 있는 자기소개서 형식을 결정하면 된다. 다음은 합격자들의 자기소개서 중에 일부분을 발췌한 것이다.

① 서술식 작성(지원동기 및 장래 계획)

<지원동기>

학부 시절에는 학업에 대한 열정이 부족하여 성적이 그리 좋지 못했습니다. 어렵게만 느껴지던 수학이었기 때문에 공부에 흥미가 별로 없었습니다. 이는 졸업 후에도 이어져 임용고사에서도 두 번이나 실패를 경험했습니다. 그러나 세 번째 임용고사를 준비하는 과정에서 그동안 더디지만 차근차근 공부해왔던 것들이 바탕이 되어 수학에 대한 눈이 떠지게 되었습니다. 아는 것이 많아지니 공부가 재미있어졌고, 더 깊이 알고 싶어서 시간 가는 줄 모르고 책을 봤습니다. 그래서 우수한 성적으로 임용고사에 합격했고 부푼 꿈을 안고 교단에 서게 되었습니다. 실제 학교 현장에서 아이들에게 수학을 가르친다는 것은 결코 쉬운 일이 아니었습니다. 열심히 공부했던 전공 서적 내용들과 현실의 괴리감으로 인해 고민이 많았습니다. 저도 학부 때 수학을 어려워했기 때문에 수학을 어려워하고 싫어하는 아이들을 어느 정도 이해할 수 있었지만, 그 아이들이 수학을 좋아하도록, 수학을 잘하도록 만드는 것은 어려운 일이었습니다. 실제적이고 현실적용 가능한 수학교육에 대한 깊이 있는 공부를 하고 싶다는 마음이 들어서 지원하게 되었습니다.

<장래 계획>

수학을 포기하고 수학 시간에 잠만 자는 학생들이 많고 대부분의 아이들이 수학을 어려워하고 싫어하는 현실에 대한 문제의식을 갖고, 이를 해결하기 위한 방책을 지속적으로 고민하는 수학 교육자가 되고자 합니다. 수학교육에 대한 깊이 있는 연구를 통해 현실적용 가능하고 실제적인 매뉴얼을 제작하고 공유함으로써 수학 선생님들이 더 많은 아이들에게 수학의 가치와 흥미를 느끼게 하는 기회를 제공하고 싶습니다. 석사 기간 동안 연구한 내용을 현장에 적용해보고 발전·보완해서 우리나라 수학교육에 보탬이 되고 싶습니다.

② 개조식 작성(지원동기 및 장래 계획)

□ (성장과 발전) 일선 학교에만 머무르지 않고 교육행정 및 정책분야의 연구 경험을 쌓아 보다 폭넓고 유연한 사고를 갖춘 교육 전문가로 성장하길 원함

□ (교육정책 실현) 대학원 연구 과정에서 발굴한 정책적 아이디어들을 실제 교육정책으로 실현하여 충남중등교육이 발전하는데 미력이나마 기여하길 원함

다음으로, 수학·연구계획서 작성에 관한 내용이다. 수학 및 연구계획서가 ① 면접자료로만 활용되거나 ② 전형 요소로 점수로 평가되는 경우가 있다.

① 면접자료로만 활용되는 경우는 희망하는 연구 분야와 그 이유, 연구계획을 중심으로 작성하면 된다. 다만, 면접 시에 질문할 수 있기 때문에 희망하는 연구 분야와 그 이유를 솔직하게 작성하자. 또한 연구계획은 전공 홈페이지를 활용해서 교육과정 등을 참고해도록 하자. 다음의 예시는 면접자료로만 활용되는 전형의 합격자 연구계획서 중 하나이다.

면접자료로만 활용되는 전형의 합격자 연구계획서 예시

진학시 희망 연구 분야 및 연구 계획	수학교육학, 그리고 기하학에 관심이 많습니다. 공교롭게도 실제 학교 현장에서는 다른 영역에 비해 기하를 어려워하는 학생들이 유독 많아 성공적인 기하 교육에 대해 고민이 많습니다. 학생들의 기하적 사고 능력을 향상시키기 위한 교수 기법, 교수학습자료, 교육공학 등에 대하여 집중적으로 연구하고자 합니다. 더불어 다양한 종류의 기하를 공부함으로써 기하에 대한 전반적인 지식을 넓히고, 기하적 소양을 기르고자 합니다.

평소에 가지고 있던 문제점과 그 문제점을 해결하기 위해 연구하고자 하는 분야와 계획을 대략적으로 작성하였다. 기하학이라는 구체적인 영역을 설정하고 그에 대한 연구 분야를 설명하였다.

② 다음으로는 연구계획서가 전형 요소로 점수로 평가되는 경우이다. 이 경우는 학교별로 목차 등 연구계획서 작성 양식을 주거나 자유 양식으로 형식이 제공될 것이다. 두 가지 형식 모두 다 결국은 논문의 연구계획서에 준해서 쓰면 될 것이다. 처음 하는 일이라고 해서 포기하지는 말자. 어디든 먼저 앞선 자의 발자국이 있기 때문이다. 여기에서는 필자 중 한 명이 연구계획서를 썼던 방법을 말해보고자 한다.

우선, 글의 형식 측면이다. 연구계획서의 틀은 여러 가지이다. 제목-연구 필요성 및 목적-선행연구-연구 내용-연구 방법-이론적 배경-연구 일정-참고문헌 등이 있다. 연구계획서 틀에 맞는 내용을 작성하기 위해서 기존의 합격자가 썼던 연구계획서가 있다면 참고해서 시작하는 것이 좋다. 해당 학교의 합격자가 아니더라도 석사학위 논문계획서가 있다면 참고하는 것이 큰 도움이 될 것이다. 다른 논문계획서를 참고하면서 주제만 바꾸어서 별다른 자료가 없더라도 시작은 해볼 수 있기 때문이다. 필자는 다른 사람의 연구계획서를 참고해서 연구의 목적 및 필요성 부분은 5문단으로 쓴다고 생각했다. 1문단에서는 연구의 목적, 2문단은 연구의 필요성 중 거시적인 부분, 3문단은 연구의 필요성 중 미시적인 부분, 4문단은 연구의 필요성 중 기존 연구의 한계, 5문단은 1~4문단을 정리하는 문단이다. 문단의 구성과 표현도 처음에는 기존의 연구계획서를 따라 하려고 했다. 차츰 수정하고 다듬어서 나만의 글이 되어 갔다.

다음은 연구계획서의 내용 측면이다. 내용은 평소 자신의 교직생활 중에 생각해왔던 관심사, 문제점, 궁금증 등으로 시작할 수 있다. 필자는 평소에 학교업무정상화 관련 공문이 매번 오는데 왜 학교 업무가 감소하지 않는지 궁금하였다. 그래서 RISS, 국회도서관에서 학교업무정상화에 관한 논문을 찾는 것부터 시작하였다. 논문의 이론적 배경, 선행연구 분석을 통해 1970년대부터 학교업무 감소에 대한 정책이 있었다는 것을 알 수 있었다. 또한 학교업무정상화 정책이 학교 업무를 줄여주면 교사가 본연의 업무인 생활지도와 수업에 더 전념하리라는 것을 전제로 하고 있으나, 학교 업무와 교사 본연의 업무 사이의 인과관계를 살펴본 연구가 부족하였다. 더 나아가 학교업무정상화 정책이 학생과 학부모의 학교만족도에 영향을 미친다는 실증적인 연구도 없었다. 그래서 연구주제를 '학교업무정상화 교무업무지원팀 효과성 분석'으로 설정하였다. 이처럼 학교생활을 하면서 느꼈던 문제점, 궁금증, 관심사 중 자신이 연구해 볼 만한 주제를 정해서 RISS, 국회도서관 등에서 논문을 찾는 것부터 시작해보자. 부록에 필자들이 작성한 연구계획서와 논문계획서가 수록되어 있다.

제12장 기출 문제 섭렵하기

기출 문제는 면접과 지필시험 두 가지 종류가 있다. 수능이나 임고 때와 마찬가지로 대부분 선생님들은 기출 문제를 위주로 공부한다. 그런데 문제는 기출 문제를 구하기 어렵다는 점이다. 한국교원대에서 지필시험 기출 문제를 홈페이지에 공개하고 있는 것 이외에는 기출 문제를 공식적으로 공개하고 있는 대학은 드물다.

필자들의 경험을 살려 먼저 면접 유형을 살펴보자면 다음과 같다.

면접이 배점에 포함되는 경우 집단 면접인 경우	면접이 배점에 포함되는 경우 일대다 면접인 경우
· 연구계획서, 자기소개서를 위주로 질문 · 개방형 질문으로 전공지식을 질문할 수 있음	· 전공지식, 연구계획서, 자기소개서를 위주로 질문
면접이 배점에 포함되지 않은 경우 집단 면접인 경우	면접이 배점에 포함되지 않은 경우 일대일 면접
· 연구계획서, 자기소개서를 위주로 질문	· 연구계획서, 자기소개서를 위주로 질문

면접은 '배점포함여부', '면접자 수'에 따라 질문의 내용이 바뀌는 것 같다. 물론 위의 표는 절대적인 것은 아니다. 대학별로, 학과별로 달라질 수 있다. 제출한 서류와 전공에 관한 지식을 바탕으로 예상 문제를 만들어서 연습한다면 합격에 더 다가갈 수 있을 것이다. 다만, 전공 질문은

범위가 넓어 예상 질문으로 만들기가 쉽지가 않다. 그래서 전공 질문은 한국교원대학교의 석사, 박사 기출 문제를 참고해서 예상 질문을 만들어보자. 필자 중 한 명의 경우 점수 배점에 들어가는 집단면접에 참여했었다. 연구계획서와 자기소개서를 위주로 질문과 답변을 하였다. 하지만 연구계획과 자기소개에 관한 질문에 답을 할 때도 공부했던 전공 답변과 연관 지어서 답변할 수 있다. 예를 들어, 본 학과에 지원하게 된 동기가 무엇이냐는 질문에 여러 가지 이유 중에 하나는 전공 답변으로 준비한 교육행정의 방향에 대해서 이야기하는 걸로 활용하였다. 전공지식을 활용해서 답변하면 개인적인 생각을 이야기하는 것보다 준비가 되어 있다는 것을 보여준다고 생각했기 때문이다. 그래서 전공 질문이 나오지 않더라도 일반적인 전공지식 공부는 하는 것이 좋다고 생각한다.

지필전공 시험 기출 문제는 전공별로 다르다. 예를 들어, 한국교원대학교의 수학과의 경우 학부 시절 중간, 기말고사 문제처럼 출제되지만 다른 과의 경우 홈페이지에 제시된 논문에서 출제되기도 한다. 지필 전공 시험에서 가장 기댈만한 것은 한국교원대학교 기출 문제와 임용고사 때 공부하던 전공서적(이론서)이다. 다시 임용고사 준비할 때처럼 지필 전공 시험을 준비하면 된다. 이 책을 보고 있는 선생님들은 이미 임용고사를 합격한 실력있는 선생님들이다. 시험 공부법에 대해서 각자의 노하우로 공부하면 될 것이다.

다만, 다시 임용고사 때처럼 공부한다는 것이 생각보다 쉽지 않고 하기 싫을 수도 있다. 다행스럽게도 전형요소 중에 지필전공 시험을 보는 대학의 수는 적은 편이다. 그래서 자신이 만약 지원하고자 하는 전공 공부가 부족하다고 판단되거나 지필시험에 부담이 있다면 면접전형을 위주로 선발하는 대학에 지원하는 것을 추천한다. 더불어 대부분의 시도교육청에서는 대학 간 석사 파견 중복지원을 금지하고 있기도 하다.

제13장 시험 준비 시간 확보하기

시험을 준비하려면 시간을 확보해야 한다. 그런데 아이가 있는 교사라면 집안일과 육아를 병행하기가 너무 힘들다. 또한 아이가 없는 젊은 교사라면 학교에서 과중한 업무와 방과후수업을 전담하고 있을 것이다. 주경야독은 생각보다 쉽지 않다. 준비하기 위한 전략이 필요하다.

준비전략 1) 스터디를 할 것인가? 혼공할 것인가?

임용고사를 준비할 때처럼 스터디를 조직해서 준비하는 경우도 있다. 함께 가면 더 먼 길을 갈 수 있다. 한국교원대학교를 지원하는 경우라면 지역별로 다르게 구성하기도 한다. 과목별 임용고사 카페에 스터디 모집하는 공간을 활용해서 스터디를 모집하는 것 같다. 물론, 혼자 공부하는 경우도 많다. 필자 중의 한 명은 한국교원대 시험을 두 번 응시하였는데 두 번째에는 기숙사 사감을 하며 점호 후 1시간씩 한 달 정도 준비했다.

준비전략 2) 학교 일과 시간을 최대한 활용하자.

① 지원하는 과목이 담당하는 과목과 일치하는 경우에 가르치는 내용과 연계하여 공부할 수 있다. 예를 들어 국어과에서 현대시를 수업한다면 그 시대와 관련된 심층적 내용을 공부하고 수업에도 활용하는 것이다. 또한, 수학과는 수학교육학의 이론을 실제 수업에 적용해볼 수 있다. 교육학을 지원하는 경우에도 교육학 이론을 공부하면서 실제 학생 지도에 적용해볼 수도 있을 것이다.

② 일과 시간 외에 공부하면서 정리했던 내용을 틈틈이 정리하면서 공부할 수 있다. 일과 시간 틈틈이 공부한 내용 정리나 마인드맵을 읽거나 공부한 내용을 백지에 써보는 것이다. 단, 이 경우에 교사의 업무를 소홀히 해서는 안 될 것이다.

준비전략 3) 겨울방학부터 시작하자.

석사 파견 시험은 대부분 2학기 가을과 겨울에 있다. 그래서 겨울방학부터 시작하기를 추천한다. 학생부 작성, 방학 중 업무를 미리 끝내고 겨울방학 때부터 시작하자. 방학 중에는 아무래도 공부할 수 있는 시간을 확보할 수 있으며, 겨울방학은 상대적으로 길기 때문에 전공과 관련된 책을 이해중심으로 시간을 두고 볼 수 있다. 또한 겨울방학 중에 자신이 부족한 부분을 파악하여 여름방학이나 학기 중에 채울 수 있다. 겨울방학부터 시작한다고 해서 꼭 합격한다는 것은 아니지만 합격할 확률이 높은 것은 자명하다. 하지만 이 책을 보는 시점이 여름방학이나 2학기라고 해서 포기하지는 말자. 준비가 부족해도 운이 좋으면 합격할 수 있고, 다음 연도 시험을 미리 준비했다고 생각할 수도 있기 때문이다.

PART5.

교사석사 파견 생활

제14장 전일제? 주5일 출근? 급여?

"파견 나가면 교수 조교 같은 역할하는 거야?"
"대학에 선생님 업무용 자리도 있는 거야?"
"월급은 다 나와? 등록금은 장학금이야?"

석사 파견 복무, 급여에 대한 궁금증들이다. 국가공무원 복무규정 제7조(파견근무)에서 다른 기관에서 파견근무하는 사람은 복무에 관하여 파견받은 기관의 장의 지휘·감독을 받도록 명시하고 있다. 따라서 석사 파견교사는 해당 대학의 감독을 받도록 되어 있다. 그러므로, 구체적인 복무사항은 해당 대학, 전공, 지도교수에 따라 다르다.

대부분 대학에서 복무사항에 대해서 입학전형에 명시하고 있지 않고 있으나, 특이하게도 경인교대 교육전문대학원 석사 파견 모집 안내를 보면, 야간제 석사과정이며, 주간에는 경인교대 연구기관에서 종일제로 근무하도록 명시하고 있다(석사 파견에 관한 도교육청 공문에서 복무사항을 안내할 수도 있다). 다만 특이하게 경인교대만 종일제로 근무해야 함을 명시하고 있는 걸 보면, 아직도 대부분 학교는 종일제, 주5일 출근을 명시적으로 요구하고 있지는 않은 것으로 생각된다. 하지만, 석사 파견을 나간 교사가 수행해야 하는 역할이 점점 확대되고 있는 것은 분명하다. 이전처럼 수업과 학위 이외에도 다양한 연구활동을 시도교육청과 대학이 요구하고 있다.

  공무원 보수규정에 따르면 "보수"란 "봉급"과 그 밖의 각종 "수당"을 합산한 금액을 말한다. "봉급"이란 기본급여이다. 공무원보수규정 [별표 11] 〈개정 2022. 1. 4.〉에 따라 다음과 같이 봉급이 지급된다. 물론 파견은 봉급 100% 지급이다.

유치원·초등학교·중학교·고등학교 교원 등의 봉급표 (월지급액, 단위: 원)			
호봉	봉급	호봉	봉급
1	1,700,000	21	3,240,100
2	1,751,500	22	3,359,700
3	1,803,700	23	3,478,300
4	1,855,800	24	3,597,100
5	1,908,300	25	3,715,900
6	1,960,600	26	3,835,200
7	2,012,400	27	3,959,500
8	2,064,000	28	4,083,600
9	2,116,400	29	4,213,300
10	2,173,700	30	4,343,600
11	2,229,800	31	4,473,400
12	2,287,100	32	4,603,000
13	2,391,300	33	4,734,700
14	2,495,900	34	4,866,000
15	2,600,400	35	4,997,400
16	2,705,100	36	5,128,400
17	2,808,600	37	5,242,400
18	2,916,900	38	5,356,400
19	3,024,600	39	5,470,700
20	3,132,400	40	5,584,300

다음은 수당이다. 공무원 보수규정에 따르면 "수당"이란 직무여건 및 생활여건 등에 따라 지급되는 부가급여를 말한다. '민석쌤의 교권상담

실 책⁹⁾" 내용을 참고하여 다음과 같이 표를 만들었다. 수당은 해당하는 경우에 모두 지급된다. 정근수당, 가족수당, 정액급식비, 명절휴가비 등은 지급되지만 성과상여금은 지급되지 않는다.

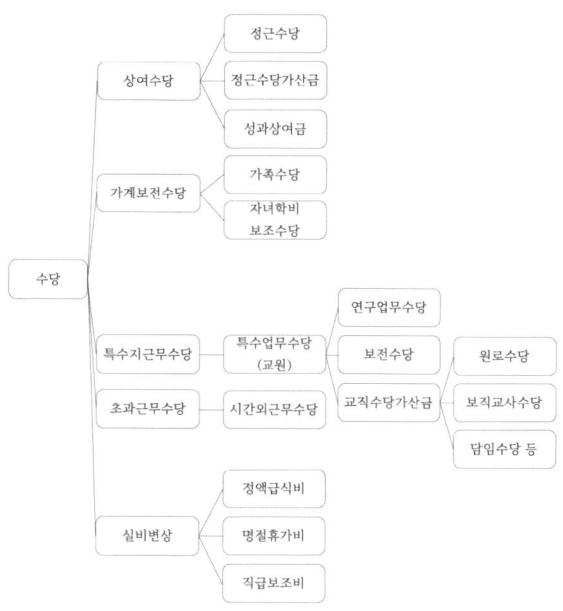

다음 자료는 실제 파견 생활 중의 급여명세서이다. 수당 중에 해당사항이 없는 보직교사수당, 담임교사수당 등은 지급되지 않는다. 시간외근무수당(정액분)과 교원연구비도 지급되지 않는 것을 알 수 있다. 교원연구비 지급은 시도교육청별로 다를 수 있으니 꼭 다시 확인해보자.

---

9) 김민석(2020). 민석 쌤의 교권상담실 학생·보호자·교사의 권리를 보장하는 학교. 서울: 우리교육.

급여명세서

급여지급년월 2021년 09월

[고등학교] [특정직/교사/19호봉/8년]   재직(타시도파견(출))

공무원 구분	행정부국가 공무원	급여관리 구분	호봉제	급여직종 구분	국공립교원	최초 임용일	2015.03.01
기관명	고등학교	급여관리 기관	충청남도 교육청	직위	교사(중등)	현직급 임용일	2015.03.01
보직구분	교사			교원구분	교사 (고등학교)	현직위 임용일	2015.03.01

[세부내역]

급여내역		세금내역		공제내역	
본봉	2,870,300	소득세	161,780	일반기여금	354,340
정근수당가산금	50,000	지방소득세	16,170	건강보험	136,120
정액급식비	140,000			노인장기요양보험	15,680
교직수당	250,000			교직원공제회비	600,000
교원연구비	75,000				
급여총액	3,385,300	세금총액	177,950	공제총액	1,106,140
실수령액			2,101,210		

방과후를 많이 하시던 선생님은 월보수가 적다고 느껴질 수 있지만, 그렇지 않은 선생님들은 별다른 차이를 못 느낄 것이다.

파견의 장점은 월보수를 받으며 공부할 수 있다는 것이다. 다만 국민의 세금으로 공부하는 것이기 때문에 책임감을 갖고 공부해야 할 것이다.

· **대학원 등록금**

대학원 등록금은 지원대상이 아니다. 자신의 돈으로 전액 지불해야 한다. 다만 대학원에서 연구활동 등을 수행하였다면 연구 및 개발수당을 받을 수는 있다.

제15장 석사 파견 학교생활

생활에서 중요한 것은 관계이다. 석사 파견 생활도 마찬가지이다. 특히 동기 대학원생과의 관계가 중요하다. 동기 대학원생들에게 석사 파견 생활 중에 해야 할 일들에 대한 유용한 정보를 많이 들을 수 있다. 또한 다른 학교급, 학교, 지역 선생님들과 만나서 생각을 교류할 수 있는 좋은 기회이기도 하다. 특히, 한국교원대학교에서 석사 파견을 한다면 전국에 있는 선생님들을 만날 수 있다. 선생님들과의 교류는 수업 조별 활동, 대학원생과의 스터디, 기숙사 생활 등을 통해 할 수 있다.

물론, 자신의 스타일대로 혼자서 학교생활을 하는 것도 괜찮다. 다만, 대학원 졸업을 위해서는 외국어시험, 종합시험, 논문 제출처럼 학부와 다른 요건들이 있다. 따라서 학과사무실에 자주 문의하거나 학과 홈페이지를 수시로 확인하는 게 필요하다.

졸업요건은 학교마다 다르다. 공통적으로 외국어 및 종합시험, 학위청구논문 통과가 있다. 외국어시험의 경우에 영한사전을 지참해도 되는 경우도 있고, 시험 범위를 미리 공지하는 경우가 있다. 다만, 자세한 사항은 학과별로 다르기 때문에 학과에 문의하거나 정보력이 좋은 동기나 과대에게 물어보는 것도 좋은 방법이다. 하지만 학부 정도의 영어 실력이라면 크게 걱정을 하지 않아도 될 것이다.

종합시험은 준비를 해야 한다. 종합시험 준비를 위해 기존에 수업을 들었던 노트나 프린트물을 버리지 않고 챙겨두어야 한다. 종합시험이 교수님들이 했던 수업 내용에서 주로 출제되기 때문이다. 백지로 제출하면 종합시험을 통과하기 어렵기 때문에 수업시간에 배운 내용을 공부해야 한다. 학위논문 심사과정은 다음 장에서 참고하면 된다. 다음은 한국교원대학교 대학원 홈페이지 '2022학년도 전기 대학원 신입생 오리엔테이션 자료'를 발췌한 것이다.

1. 외국어 및 종합시험

 가. 외국어시험

  ○ 시기 : 매학기 1회 (1학기 3월, 2학기 9월)

  ○ 응시과목 : 영어, 독어, 불어, 한문, 한국어, 일본어, 중국어
       (석사만 가능) 중 선택

  - 한국어 시험은 외국인에 한하여 가능, 모국어는 응시할 수 없음

  ○ 응시자격

   - 석사과정 : 2개 학기 이상 등록한 학생

   - 박사과정 : 3개 학기 이상 등록한 학생

  ○ 합격기준 : 100점 만점에 석사 60점 이상, 박사 70점 이상 합격

  ※ 외국어시험 면제 신청

  - 방법 : ① 통합학사시스템을 통한 외국어시험 면제 신청(업로드)

② 신청 서류 검토 후 통합학사시스템 '학과 승인'

③ 대학원 최종 승인(면제·학적 반영)
- 자격 : 외국어시험 응시 자격과 동일

(당해학기 현재 2개 학기 이상 등록한 사람)
- 인정 기준일 : 신청 자격이 된 사람 중, 외국어 및 종합시험 신청

마감일

* 유효기간이 정해져 있지 않은 인증서는 인정기준일 현재 3년 이내 취득한 성적이어야 함
- 면제 기준 : 한국교원대학교대학원 학사운영시행세칙 별표2 참고

(대학원 홈페이지 공지사항 게시)

나. 종합시험

○ 시기 : 매학기 1회(1학기 3월, 2학기 9월)

○ 응시자격
- 석사과정 : 18학점(인정학점 포함)이상의 교과학점을 취득한 학생
- 박사과정 : 51학점(인정학점 포함)이상의 교과학점을 취득한 학생

○ 합격기준 : 100점 만점에 석사 60점 이상, 박사 70점 이상 합격

2. 지도교수 선정 및 학위청구논문 제출

가. 지도교수 선정

○ 입학 후 휴학기간을 제외하고 1개 학기 이내에 선정하여야 함

나. 학위논문 제출 자격

○ 해당 학위과정을 수료하였거나 논문을 제출하는 학기에 수료
예정인 사람으로서 다음 각 호의 요건을 충족한 학생
　- 연구윤리교육 이수
　- 외국어시험과 종합시험 합격
　- 지도교수 추천

　수강신청은 학부 때와 동일하게 온라인으로 진행된다. 다만, 학부 과정에서는 해당 전공의 전반적인 수업을 대부분 듣는다면 대학원은 해당 전공에서 세부 전공과목을 주로 듣는다. 예를 들어, 국어교육 전공으로 문법에 관심이 있다면 문학수업보다는 주로 문법과 관련된 수업을 수강신청한다. 왜냐하면 석사과정이란 결국 세부 전공에 대해 학부보다 깊게 공부하는 과정이기 때문이다. 논문지도교수가 정해졌다면 논문지도교수의 수업은 필수적으로 수강하기를 추천한다. 논문작성과정에서 지도교수와의 소통과정이 필요한데 수업시간 전이나 후에 자연스럽게 소통할 수 있기 때문이다.

　또한, 학부와 비교해보았을 때 개설된 과목이 제한적이다. 학과에 소속된 대학원생의 수가 학부생보다 적기 때문이다. 한국교원대가 타 대학보다 대학원생이 비교적 많아 개설된 과목이 더 많은 것으로 보인다. 구체적인 통계나 자료에 기반한 추측은 아니고 필자들끼리 정보를 공유하면서 얻은 결론이다.

　집(기숙사) 등 주거 문제는 개인별로 상황이 다를 것이다. 대학교와 집

의 거리가 멀다면 합격한 후에 기숙사 신청 기간을 미리 확인해두자. 대학원생이 쓸 수 있는 기숙사가 비교적 최근에 지은 기숙사인지, 한 방에 몇 명이 같이 지내는지, 기숙사비 등을 고려하여 기숙사 생활을 결정하면 될 것이다. 석사논문을 본격적으로 쓰기 시작하는 3, 4학기에는 여건이 허락한다면 기숙사 생활을 하는 것이 유리하다. 학교도서관 활용, 지도교수와의 상호작용이 용이하기 때문이다.

전공과 관련한 학술대회, 세미나, 강연 참여 등 대학원생으로 할 수 있는 활동을 기회가 된다면 할 수 있다. 다만 학술대회, 세미나처럼 전공과 관련한 활동은 지도교수님을 통해 주로 이루어진다.

제16장 대학원 수업사례

　일반대학원 수업은 학부 과정하고 다르고, 특수대학원인 교육대학원하고도 다르다. 그래서 석사 파견으로 일반대학원을 진학한 후에 당황하는 선생님이 많은 편이다. 학부 과정은 강의 듣고, 과제 또는 발표하고 지필시험을 보는 게 일반적이다. 교육대학원은 계절제인 경우에는 방학 때 2~3주 동안 집중적으로 이루어져서 과제와 발표 준비에 긴 시간을 투자하기가 어렵다. 또한 교육대학원 수업에 학생들이 많으면 학부 수업처럼 운영되는 경우가 종종 있다.
　그에 반해, 일반대학원은 수업시간이 토론과 토의중심으로 이루어지는 경우가 많다. 논문이나 책을 읽고 그에 대한 자신의 생각이나 사례를 발표하게 한다. 자발적으로 발표하기도 하고, 한 명씩 지목해서 발표하기도 한다. 공부를 안 해서 수업시간에 가만히 있으면 처량해질 수 있다.
　석사 파견의 경우 시간이 더 많다고 생각해서 일부 교수님들 경우에 수업 과제와 토의토론을 더욱 적극적으로 참여하도록 요구하기도 한다. 수업 분위기상 파견 온 선생님들은 자발적으로 과제와 토의토론을 더 하기도 한다(일반적으로 석사 파견 선생님만의 별도의 수업이 있는 게 아니라 일반대학원생과 함께 수업을 듣는다). 이번 장에서는 석사 파견을 가고자 하는 선생님들이 대학원 수업에 대해 알 수 있도록 필자들이 경험한 대학원 수업사례를 말해보고자 한다.

<대학원 수업사례 1>

> 수업명: 교육정책론
> 수업과제: '혁신학교' 정책과정 조사 및 발표
> 과제형태: 학생 한 명이 조사 후 발표, 보고서 별도 제출
> 발표시간: 30분 내외

　필자가 경험한 대학원 수업은 대부분 발표와 토의토론으로 이루어졌다. 필자는 교사로 근무할 때 고등학생들에게 수행평가로 발표를 종종 시켰다. 학생들이 발표할 내용이나 방법을 구체적으로 알려주지 않은 편이다. 발표 내용이나 방법을 학생들 스스로 구성하면서 배운다고 생각하기 때문이다. 그런 필자가 생각하기에도 대학원 수업은 정말 발표 내용이나 방법을 구체적으로 알려주지 않는다.

　교육정책론 수업도 2주차에 발표하기로 예정되어 있었다. 1주차에는 수업오리엔테이션, 학생 자기소개 후 교육정책 의제설정-결정-집행-평가에 관해 30분 정도 교수님 강의가 있었다. 2주차에 있을 혁신학교 정책과정 발표도 교육정책 의제설정-결정-집행-평가 과정에 맞추어서 발표해달라고 하셨다.

　발표 준비를 할 때 막막한 점은 교육정책 의제설정-결정-집행-평가과정을 잘 모른다는 점이다. 30분 강의만으로 대충은 알 수 있었지만 발표를 준비할 만큼은 알지 못했다. 그래서, 도서관에 들러 교육정책에 관련된 책들을 빌려 교육정책 과정에 대해 따로 공부하였다. 혁신학교 정책

을 교육정책 과정에 따라 발표하기 위해서 관련 책과 논문을 찾았다. 글쓰기 과정 중 내용생성하기 즉 자료수집 단계이다. 그래서 찾은 참고자료는 다음과 같다.

> 김경래 외(2019). 경기혁신교육 10년. 경기:경기도교육청.
> 김치량(2018), 경기도 혁신학교 운영·지원 조례의 제정 배경 분석. 경기:경인교대 교육전문대학원 석사학위논문.
> 김훈호 외(2020). 충남 혁신학교 정책 발전방안 연구. 공주:공주대학교 산학협력단.
> 박수정 외(2021). 오늘의 교육 내일의 교육정책. 서울:학지사.
> 박일관(2014). 혁신학교 2.0. 서울:에듀니티.
> 신원규(2021). 혁신고등학교 학부모의 학교 인식 및 대학입학시험 준비 양상에 관한 연구. 공주대학교 대학원 석사학위논문.
> 이성대(2015). 혁신학교, 행복한 배움을 꿈꾸다. 서울:교육연구소 배움.
> 정일환(2000). 교육정책론: 이론과 적용. 서울:원미사.
> 정일환·주철안·김재웅(2017). 교육정책학 이론과 사례. 서울:동문사.

대학원 수업이 학부 과정과 가장 다른 점은 주로 논문을 다룬다는 점이다. 일부 대학은 영어 원서 논문을 다루기도 한다. 필자가 경험한 대학원 수업은 스스로 공부를 통해 무엇인가를 구성해내는 과정에 가까웠다.

다시 혁신학교 발표를 통해 알게 된 것은 교무실에서 "정책은 좋은데 우리 학교 특성상 못하는 거야"라고 말하던 선생님들이 정책 관련 불순응 중 신념 불순응이라는 것이다. 다음은 발표 내용 중에 일부분을 발췌한 것이다.

> 정책관련 불순응에는 목표 불순응과 신념 불순응이 있다. 목표 불순응은 혁신학교 정책의 목적과 철학에 반대하면서 나타나는 것이다. 혁신학교 정책에서는 목표 불순응이 있었는지 찾기는 어렵다. 왜냐하면 충남교육청 혁신학교 정책의 목적이 '학교운영체제 혁신', '학교 교육력 강화', '교육과정 및 수업·평가 혁신' 등을 포함하고 있어 혁신학교 정책에 겉으로 반대하기는 어렵기 때문이다. 그러나, 대입에서 수능 중심의 정시전형이 확대되고, 혁신학교의 학력이 떨어진다는 기존의 지식 중심의 학력관을 가진 집단에서는 혁신학교을 비판하기도 한다.
> 신념 불순응은 혁신학교의 정책에는 찬성하지만 현재의 학교실정에서 실현할 수 있을지 생각하면서 혁신학교 정책에 대한 신념을 가지고 있지 못하는 경우이다. 일부 교사들의 경우 빈번한 회의와 연수, 과중한 학교 업무량, 학교장의 마인드 등을 문제 삼으면서 자신이 근무하는 학교가 혁신학교로 선정되더라도 기존에 하던대로 하겠다는 소극적인 마음으로 혁신학교 정책에 임하기도 한다.
> 특히 이러한 모습은 혁신동행학교 교원 사이에 두드러지게

나타난다. 도교육청에서 일괄적으로 혁신동행학교를 선정함으로써 혁신동행학교 정책이 시행되고 있다. 혁신학교에 대한 충분한 필요성이 인식되지 않아 혁신동행학교를 운영하는 학교현장에서 이러한 신념 불순응도 나타나고 있다고 할 수 있다. 일방적인 혁신동행학교 정책이 혁신학교와 혁신동행학교를 더욱 분리되게 생각하게 하고, 결과적으로 혁신학교 확산을 막는 것일 수도 있다.

<대학원 수업사례 2>

수업명: 교육과정론
수업방법: 질문 만들기를 활용한 수업
과제형태: 보고서 제출

수업 첫 시간에 학생별로 담당할 영역을 정하고 발표할 차례가 되면 해당 영역에서 떠오른 질문을 학생들 전체에 공유하여 그 질문에 대해 다같이 생각해보도록 했다. 필자는 스마트교육 논의에 반영된 교육관과 듀이의 교육관에 대해 발표했다. 관련해서 '교사는 학교 수업에서 학생들의 반성적 사고를 촉진함으로써 계속적인 경험의 재구성이 일어나도록 도울 필요가 있다. 반성적 사고를 촉진하는 수업은 어떤 형태로 전개되어야 하는가?', '듀이의 가시목표를 학교 수업 상황에서 현실적으로 구현할 수 있는 방법은 무엇이겠는가?'라는 질문을 수강생들과 공유했다. 비록 질문에 대한 수강생들의 답변 참여가 저조하고 교수님이 대부분 설명해주시긴 했지만, 질문거리를 생각하면서 담당한 내용을 깊이 생각해볼 수 있었다.

<대학원 수업사례 3>

수업명: 수학교육학개론

수업과제: 수학교수학습 이론을 적용한 수업 발표

과제형태: 모둠별 수업설계 및 발표

발표시간: 15분 내외

필자가 수강한 한국교원대학교 수학교육학과 대학원 수업은 대부분이 학부 수준의 내용을 다루었다. 논문 쓰는 방법이나 논문 분석을 다루는 수업을 듣고 싶었으나, 담당 교수님이 안식년이셔서 듣지 못했다. 내용학이나 교과교육학을 다루는 과목은 학부 수준이 많아 대학원 수준의 내용을 기대하면 실망할 수 있다. 이 수학교육학개론도 학부에서 배우는 내용을 그대로 배운 수준이었다. 다만 학부 때 배웠던 교수학습 이론들이라도 실제 학교 현장에서 어떻게 적용할 수 있을지 고민해볼 수 있었던 시간이었다. 반 힐레의 교수학습 이론을 배우면서 학생들에게 기하 내용을 가르칠 때 어떻게 수업에 적용할 것인지 고민하며 수업을 설계해보고, 지도안을 짜보았다. 특히 수업 시연하는 모습을 모둠원들끼리 역할을 나누어 촬영하기도 했다. 이러한 경험은 비교적 시간적 여유가 있는 석사 파견이 아니었다면 할 수 없었을 것이다.

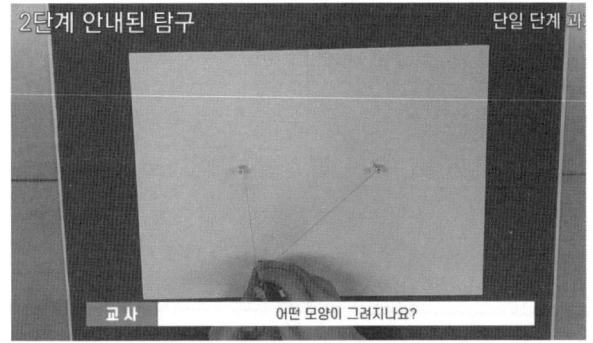

[그림1] 수업 시연 영상 중 타원 그리기를 설명하는 모습

[그림2] 수업 시연 영상 중 학생이 문제를 설명하는 모습

PART 6.
논문 작성하기

'수료냐 졸업이냐, 그것이 문제로다'

석사과정에 해당하는 학점을 이수하고, 종합시험과 외국어 시험을 통과하면 수료가 된다. 여기에 논문까지 제출하면 졸업을 할 수 있다.

만약 논문을 쓰기 어려운 상황이라면 자신의 상황을 지도교수님께 말씀드려야 한다. 이때 지도교수의 반응은 두 가지 중 하나다. 쿨하게 쓰지 말라고 하시는 경우와 어떻게든 설득해서 쓰게 하는 경우. 어떤 반응을 보이실지는 교수님 나름이겠지만, 내 경험으로는 전자보다 후자의 경우가 더 많았다. 써보자고 설득하시는 경우, 논문 주제와 관련된 자료를 제공해주시기도 한다.

논문을 쓴다는 것은 분명 어려운 일이다. 하지만 인생에서 한 번쯤은 경험해볼 만한 일이라고 생각한다. 논문 쓰는 동안에는 힘들었지만 돌이켜보면 그래도 쓰길 잘했다는 생각이 든다. 무슨 일이든 처음 시작하는 것은 어렵기 마련이다. 논문 분량이 꼭 많을 필요는 없다. 대단하고 뭔가 있어 보이는 결과물을 내야 한다는 부담을 가질 필요도 없다. 도저히 쓰지 못할 상황이 아니라면 꼭 도전해보길 바란다.

제17장 논문 주제 정하기

'주제를 정하면 논문 절반은 쓴 것'이라는 말이 있을 정도로 논문 쓰기에서 큰 비중을 차지하는 것이 주제를 정하는 일이다. 논문을 쓰기로 마음먹었다면 주제는 일찍 정할수록 좋다. 그런데 주제 정하기가 보통 어려운 일이 아니다. 망망대해에서 혼자 표류하는 그 막막함이랄까. 사람에 따라 금방 정하는 사람도 있는 반면, 크게 애를 먹는 사람도 있다. 필자는 후자 쪽이었다. 주제를 정하는 과정은 정해진 틀이 없이 오로지 개인의 선택에 따라 결정된다. 그래서 더 어려웠다. 논문 주제를 쉽게 정하는 비법 같은 게 있으면 누가 알려주면 좋겠다고 생각했지만 아쉽게도 그런 건 없다. 대신 주제를 정할 때 고려하면 좋은 몇 가지 팁은 있다.

최신 논문들의 트렌드 파악하기

논문에서 다루는 주제는 시기에 따라 어느 정도 경향성을 띤다. 예전에는 뜨거웠지만 최근 들어 열기가 수그러든 주제도 있고, 최근에 급부상하는 주제도 있다. 어떤 주제의 열기가 식어버렸다는 것은 이제 그 주제에 대해 더 쓸 내용이 없거나 효용이 떨어졌다는 뜻이다. 꺼져가는 불씨를 살릴만한 획기적인 아이디어가 있는 게 아니라면 최신 논문들이 어떤 주제를 다루고 있는지 흐름을 살펴보는 것이 도움이 된다.

관심 있는 분야의 논문 찾아보기

논문 쓰는 것은 가뜩이나 어려운 일인데 주제마저 별로 관심 없는 내용이라면 상당히 힘들어진다. 궁금해서 더 알고 싶은 영역이나 평소에 관심을 가졌던 분야에서 주제를 찾는 것이 좋다. 주제에 대한 궁금증과 관심은 논문을 완성할 때까지 게으른 나를 이끌어 줄 원동력이 된다. 궁금함이 있어야 더 깊이 탐구할 수 있고, 관심이 있어야 논문에 대한 애착도 생긴다.

학교 현장의 문제점 생각해보기

딱히 관심 있는 분야가 없다면 어떻게 해야 할까. 학교에서 근무했던 경험을 바탕으로 주제를 생각해 보는 것도 도움이 된다. 수업 때 지도하면서 어려웠던 점이나 개선되었으면 하는 것에 대해 고민해볼 수 있다. 교육행정 전공으로 지원한 경우는 업무를 하면서 느꼈던 구조적인 문제점에 대해 생각해 볼 수도 있다. 구체적으로 교과교육 전공을 지원한 경우에는 대략 다음과 같은 7가지 분야에 대해 주제를 찾아볼 수 있다.

분야	주제
일반연구	교과교육의 동향 / 교과교육학이론 / 교과에 대한 역사 / 교과의 개념, 지식, 용어, 기호에 대한 연구
교육과정 및 교과서 분석	교육과정 및 교과서에 대한 연구 / 개념 및 용어 분석 / 교과서 활용 실태 및 인식

학습자의 인지적·정의적 특성 및 능력	학습자의 일반적 특성 / 학습자의 지식, 개념, 이해 / 학습자의 교과 역량 / 학습자의 정의적 태도 및 신념
수업 및 지도 방안	학습자의 지식 및 기능 신장 / 수업 과제, 활동, 프로그램의 개발 / 교실문화, 규범 등 교실의 사회·문화적 환경
평가	평가 방법(수행평가, 포트폴리오 등) 개발 및 활용 방안 / 평가 문항 및 기준 개발 / 평가 실태 및 인식
교육공학 및 교구	교육용 소프트웨어 개발 및 활용 방안 / 교구를 활용한 교수·학습 방안
교사교육	교사의 교과 개념 이해 및 지식 / 교사의 신념 및 가치 교사의 수업 실행 및 분석, 비평 / 예비교사 양성 및 현직교사의 교육

출처: 방정숙 외, 2019[10]

최대한 구체적인 주제 정하기

교수님이 생각해 본 논문 주제가 있느냐고 물으셨을 때, 수학교육을 전공한 필자는 "수리논술에 대해 써보고 싶어요"라고 말씀드렸다. 그 말을 들은 교수님은 무척이나 당황한 표정을 지으셨다. 당연히 퇴짜를 맞았고 그 후에도 몇 번이나 다시 주제를 정해야 했다.

수리논술과 같은 주제는 너무 추상적이고 범위가 넓다. 수리논술 교

---

10) 방정숙·선우진·조선미·이유진·김은경·김윤영·박예진·김경훈·황지남·이하늬(2019). 국내 수학교육 연구의 동향 분석-1963년부터 2019년까지 게재된 국내 수학교육 학술지 논문을 중심으로. 수학교육학연구, 29(4), 709-739.

육에 대한 교사의 인식, 수리논술 평가 문항에 대한 학생들의 문제해결 능력 분석, 수리논술 수업에의 플립러닝 적용 등 논문 주제는 구체적이어야 한다. 수리논술에 대해 관심이 있다면 수리논술과 관련된 논문들을 살펴보자. 다른 사람들은 수리논술과 관련해서 어떤 식으로 주제를 잡았는지 읽어보고, 그런 주제들과 비슷하지만 아무도 다루지 않은 주제를 찾아보자.

> **TIPS 논문 주제는 언제쯤 정해야 할까?**
>
> 일반적으로 석사 3학기 때 논문계획을 발표하므로 그전까지 주제가 정해져야 한다. 계획 발표는 보통 5월 중에 하는데 필자는 3월부터 주제를 정하기 시작하는 바람에 일정에 쫓겨 다급했던 기억이 있다. 주제는 일찍 정할수록 좋다. 필자처럼 막판에 허겁지겁 주제를 정하지 말고, 석사 1년 차부터 꾸준히 여러 논문을 읽으면서 적절한 주제를 찾아볼 것을 추천한다.

제18장 논문 쓰기

일단 쓰자.

논문을 앞두고 있는 분들에게 단 하나의 조언을 드려야 한다면 망설임 없이 하고 싶은 말이다. 논문을 작성하는 구체적인 방법들은 다른 책이나 유튜브에 잘 나와 있다. 필자도 그저 논문을 한번 써본 경험이 있을 뿐, 논문을 잘 쓰는 방법은 모른다. 하지만 제출 마감일이 임박해서 급하게 쓰느라 고생해봤기 때문에 이 말은 꼭 하고 싶다. 일단 쓰자. 지금 쓰자.

논문에 손이 잘 가지 않게 되는 이유는 세 가지다. 첫 번째는 두려움이다. 논문에 익숙하지 않은 입장에서 '논문'이라는 두 글자를 마주하면 덜컥 겁부터 난다. 본래 낯선 것에 대한 두려움은 누구나 갖고 있기 마련이다. 낯설어서, 혹은 어디부터 손을 대어야 할지 몰라서 건드리지 않게 된다. 두 번째는 게으름이다. 지금 내게 주어진 여유를 만끽하면서 내일 쓰려고 마음먹었던 것이 모레가 되고, 모레가 다음 주가 되고, 다음 주가 다음 달이 되는 신기한 경험을 하게 된다. 학교에서는 그렇게도 느리게 가던 시간이 어찌나 빨리 가던지. 마음 한 켠에 논문이라는 불편한 덩어리를 애써 외면하고 여유를 즐기다 보면 어느새 다급해진 자신을 발견하게 된다. 세 번째는 잘 쓰고 싶은 마음이다. 이것저것 고려하다 보니 생각해야 할 것들이 많아지고, 오래 앉아서 고민했는데 얼마 못 쓸 때도 많다. 좀 더 연구를 한 다음에 완벽해졌을 때 쓰려고 하면 영영 못 쓸지도 모른다.

역시 결론은 일단 써야 한다는 것. 두려워도 쓰고, 귀찮아도 쓰고, 완벽하지 않아도 써보자. 나중에 써놓은 것을 모두 뒤엎는 한이 있어도 가급적 미리 쓰기 시작하는 것이 낫다. 필자는 7~8월 방학 때 썼던 것을 9월이 되어 교수님께 피드백을 받으며 전부 삭제하고 다시 써야 했다. 뼈아픈 경험이었지만 9월에서야 처음 쓰기 시작했다면 무엇을 고쳐야 할지도 몰랐을 것이다. 7월부터 쓰기 시작한 것도 빠른 편은 아니다. 가능한 한 빨리 써놓고 나중에 여유를 부리는 편이 훨씬 낫다. 물론 말처럼 쉽진 않지만.

효율적으로 읽자.

논문을 쓰는 데 있어서 관련 논문을 많이 읽는 것만큼 중요한 것이 또 있을까. 선행 논문들을 많이 읽는 것의 중요성은 아무리 강조해도 지나치지 않다. 하지만 논문은 양도 많고 전문용어도 많이 포함되어 있다. 더구나 문체도 딱딱해서 읽기가 참 쉽지 않은 글이다. 마음 잡고 읽어보려고 해도 얼마 못 읽고 지치거나 졸음이 몰려오기 일쑤다. 졸음을 참아가며 많은 시간을 들여서 열심히 다 읽었는데 기억에 남는 내용이 없을 때면 참 허탈하다. 논문을 읽을 때 책 읽듯이 하면 읽기도 어렵고 읽고 나서 무슨 내용인지 금세 잊어버리게 된다. 그래서 읽은 논문을 요약해두는 습관을 들이는 것이 좋다. 그래야 나중에 논문이 어떤 내용인지 빠르게 파악할 수 있다.

논문을 읽을 때 자신의 논문에 인용할 문구를 찾으려는 자세로 접근하는 것도 좋은 방법이다. 다른 사람의 논문을 읽는 것은 관련 분야에 대한 지식과 정보를 얻기 위함이기도 하지만, 실질적으로는 자신의 주장을 뒷받침해줄 구절을 찾아내기 위함이다. 논문을 쓰다 보면 주로 인용하게 되는 논문이 정해지기 마련이지만, 몇 개의 논문만 정해놓고 인용하기보다는 다양한 논문에서 골고루 인용하는 것을 추천한다. 그 자리에 정확히 꼭 필요한 문장을 발견하기는 쉽지 않으므로 최대한 여러 논문을 읽어보면서 참고할 문장을 찾아보자.

TIPS 논문 요약해놓기

√ 논문들을 볼 때 그냥 보지 말고 꼭 요약을 해두자.

√ 논문에서 인용할 때 아주 유용하다.

√ 요약할 때는 출처도 같이 적어놓자.

제19장 학위 논문 진행 절차

자신이 쓴 논문이 RISS(국내·외 학술지, 학위 논문, 단행본 등을 검색할 수 있는 시스템, 유료이나 대부분 대학교 도서관에서 구독권을 구입하여 대학교 재학생은 무료로 대학교 도서관 홈페이지를 통해 접속할 수 있다)에 올라가기까지는 길고도 험난한 과정을 거쳐야 한다. 어떤 절차를 밟아야 하는지 순서대로 알아보자.

<연구계획서 발표>

3~4월(대부분 석사 3학기)에 연구주제를 정하고 연구계획서를 작성하면 5월에는 교수님들 앞에서 연구계획서를 발표해야 한다. 발표일 전에 미리 한글 파일과 프레젠테이션 자료를 제출한다. 학과에서는 연구계획서를 4~6쪽 정도로 간단하게 작성하는 것을 권장하지만 대부분 더 많이 쓴다. 하지만 아무리 많이 쓰더라도 10쪽은 넘기지 않는 것이 좋다. 연구계획서에 예시는 부록을 참고하자.

발표 당일에는 프레젠테이션 자료를 띄워놓고 교수님들께 설명해야 한다(프레젠테이션 활용 여부는 해당학교와 해당학과별로 다르기 때문에 미리 확인하자). 프레젠테이션 자료의 내용은 표지-목차-연구의 필요성 및 목적-연구문제-선행연구 조사-연구방법 및 절차-연구 추진 계획

등으로 구성되는데 가장 중점을 두어야 할 부분은 연구방법 및 절차다. 발표 순서가 뒤쪽이고 시간이 많이 지연되었을 때는 모두 생략하고 연구문제와 연구방법 및 절차만 발표하는 경우도 있을 만큼 중요한 파트다. 연구대상, 연구방법, 연구절차 등에 대하여 많은 분량을 할애하여 최대한 자세하게 발표하는 것이 좋다. 발표 당일에는 긴장을 많이 할 수 있으므로 미리 대본을 써놓고 읽는 것도 좋은 방법이다.

<연구결과 발표>

11월에는 그동안 연구했던 내용을 발표해야 한다. 연구계획서 발표 때와 마찬가지로 발표일 전에 미리 한글 파일과 프레젠테이션 자료를 제출한다. 이때의 한글 파일은 논문의 완성본을 말한다. 논문의 적절한 분량은 정해진 것이 없지만, 교과교육학 전공이라면 100쪽을 넘기는 것을 목표로 잡는 것이 좋다. 제출하는 파일에는 논문의 모든 파트가 완성되어 있어야 하고, 영문초록 정도는 결과 발표 후에 추가해도 된다.

프레젠테이션 자료의 내용(연구발표 역시 프레젠테이션 활용 여부는 해당학교와 해당학과별로 다르기 때문에 미리 확인하자)은 표지-목차-연구의 필요성 및 목적-연구문제-선행연구문헌-연구방법 및 절차-연구결과-결론 및 제언 등으로 구성한다. 연구결과를 발표하는 자리이므로 당연히 연구결과 파트가 가장 중요하다. 필자는 프레젠테이션 26쪽 중 19쪽을 연구결과 파트를 설명하는 데 썼다. 보통 한 사람당 발표 시간은 제한되어 있고 발표해야 할 내용은 많기 때문에 연구결과 중에서도 핵심적인 내용만 간략하고 명료하게 전달해야 한다. 특히 가독성을 높이기 위해 중요한 부분에는 표시를 하면 발표자 입장에서도, 듣는 사람 입장에서도 도움이 된다.

<논문 심사>

12월에는 논문 심사가 있다. 심사위원들 앞에서 논문에 대한 브리핑을 해야 한다. 코로나19 상황에서는 서면 심사로 대체되었다. 대면 심사보다는 서면 심사가 훨씬 부담이 적다.

서면 심사를 위해서는 심사서류를 제출해야 한다. 논문심사본, 논문심사전 점검표, 심사결과 보고서 등의 3가지 문서를 파일로 제출하면 된다. 논문심사본은 논문 원본 파일을 말한다. 논문심사전 점검표에는 연구결과 발표 때 교수님들께 받았던 지적사항, 발표 후 수정사항을 쓴다. 분량은 상관없이 자세하게 쓰면 된다. 심사결과 보고서는 심사위원들이 점수를 부여하는 문서이므로 이름과 논문 제목 등 기본적인 것들만 적어내면 된다.

논문 심사서류를 제출하고 2주 정도 지나면 심사결과를 받는다. 논문 합격 여부와 수정해야 할 내용을 받게 되는데, 성실하게 논문을 작성했다면 불합격을 받는 경우는 매우 드물다. 3명의 심사위원으로부터 받은 최종 피드백을 바탕으로 논문을 수정하면 된다.

<영문초록 완성하기>

영어를 잘해서 스스로 영문초록을 쓸 수 있으면 좋겠지만, 논문에 사용되는 문체는 일반적인 문체와 다르기 때문에 연구자 자신이 쓰기 어려운 경우가 많다. 영문초록을 쓰는 방법은 보통 3가지다. 첫 번째 방법은 번역을 전문으로 하는 업체에 맡기는 것이다. 1쪽에 3만 원 정도라서 비싼 편이다. 두 번째 방법은 번역 프리랜서, 번역 아르바이트를 하는 대학생, 영어를 전공한 지인 등에게 부탁하는 것이다. 업체에 맡기는 것보다는 가격이 다소 저렴한 편이다. 세 번째 방법은 구글, 네이버 등에 있는 번역기를 이용하는 것이다. 번역기는 돈이 들지 않는다는 장점이 있지만, 논문에 사용된 전문용어를 올바르게 번역하지는 못하므로 반드시 점검해야 한다.

필자는 연구결과 발표와 논문 심사 때 모두 번역기가 번역해준 영문초록을 제출했다. 논문 심사 피드백을 받고 나서는 업체에 초록 번역을 맡겼다. 번역기를 돌린 결과물과 업체에서 준 초록을 비교해보니 확실히 차이가 있었다. 번역기는 문장을 곧이곧대로 번역해서 딱딱한 느낌이었고 업체에서 번역한 것은 상대적으로 문장이 자연스럽고 부드러웠다.

<인준>

1월에는 논문 인준을 받아야 한다. 지도교수님을 포함한 심사위원 3분께 미리 연락드려서 인준을 받을 날짜와 시간을 잡아야 한다. 이왕이면 같은 날 3분의 인준을 모두 받는 것이 좋다. 논문 인준용지는 학교 근처 복사집에서 무료로 받을 수 있다. 인준용지는 5~6장 정도 주는데 웬만하면 전부 인준을 받도록 하자. 필자는 인준 원본과 복사본이 별 차이가 없다고 생각해서 1장만 인준받으려고 했는데, 인준을 여러 장에 받아도 상관없다. 원하는 논문 인쇄본 부수만큼 인준을 받자.

<제본>

논문 제본은 학교 근처 복사집에서 해도 되고, 업체에 온라인으로 신청해도 된다. 제본 신청하기 전에 전체적으로 오탈자 점검을 꼭 하는 것이 좋다. 스스로 자신의 논문을 검토하는 것도 중요하지만 반드시 다른 사람에게도 검토를 받자. 자신이 쓴 논문의 오탈자를 발견하는 것은 정말 어려운 일이다. 자신이 작성한 내용이라 몇 번을 봐도 오탈자가 보이지 않지만, 다른 사람이 작성한 논문은 비교적 오탈자를 발견하기 쉽다. 대학원 동기들과 서로 교차 점검하는 것을 추천한다.

제본은 하드 커버와 소프트 커버로 할 수 있는데 소프트 커버는 학교 도서관에 제출할 때 필요하고 그 외의 모든 경우에는 하드 커버로 하는 것이 좋다. 하드 커버는 도서관이나 학과 사무실에 제출해야 하고, 지도 교수님께도 드리는 것을 추천한다. 그 밖에 연구자 본인, 부모님, 지인 등이 소장할 것까지 고려해서 제본 부수를 결정하면 된다.

<제출>

이제 논문을 제출하기만 하면 모든 일정은 끝난다. 논문은 파일 제출과 인쇄본 제출을 해야 한다. 논문 파일은 도서관 디콜렉션에 제출하면 되고 여기서 처리를 마치면 RISS에 논문이 올라간다. 마지막으로 도서관에 논문 인쇄본까지 제출하면 논문에 관한 모든 일정이 마무리 된다.

부록 1. 2022학년도 한국교원대학교 전기대학원 특별과정 시도별 지원자격[11]

시도	지원자격	추천제외	비고
서울	1. 현직 교사 (실교육경력 5년 이상) ※초등17명=유아2명+초등15명	1. 파견복귀 후 정년 잔여 5년 미만인 자 2. 수석교사 3. 징계처분자(말소기간경과자는 추천가능) 및 물의야기자 등은 추천 제외 4. 서울시교육청특별연수로 교원대, 서울대, 서울교대, 충남대 파견 경력이 있는 자 (최근 10년 내 1년 이상 연수파견(4호), 능력개발파견(7호) 경력 교사 및 최근 5년 내 6개월 이상 연수파견(4호) 경력이 있는 교사는 제외함) ※ 실교육경력 기간 산정 시 6개월 이하 단기 파견 경력도 제외함 ※ 2022학년도 특별연수 신청 시 위 대학교 중 1곳만 지원 가능함	특별전형 특차 (소속 교육청에서 지원자 별도 사전 선발) 도 모집 ※ 특차 모집 관련 사항은 소속 교육청으로 문의

[11] 출처: 한국교원대학교 대학원 입학안내-공지사항-2022학년도 전기대학원(석사-박사) 신입생 모집요강 알림 (https://gradent.knue.ac.kr/index.php)

부산	1. 실교육경력 5년 이상 (2022.03.01.기준) 2. 교원자격증표시과목관련전공지원자 3. 소속기관장의 추천을 받은 자	1. 징계받은 날로부터 3년이 경과되지 않은 자(2022.03.01.기준) 2. 석사학위소지자(2022.03.01.기준) 3. 한국교원대대학원교육파견근무를 이미 마친 자 (2022.03.01.기준) 4. 타시도교류가 예상되는 자	유치원 교사는 초등에 포함
대구	1. 1급 정교사 자격증 소지자 2. 실교육경력 5년 이상인 현직 정규교사(2022.03.01기준) 3. 특별연수 이후 IB관심(후보)학교,연구(시범)학교, 교과중점학교근무 및 교육청주관각종교육 활동참여가 가능한 자 4. 교육감 추천을 받은 자 ※초등6명=유아1명+초등5명	1. 석사학위 취득자 지원 불가 2. 파견·휴직중인자지원불가 ※2022.3.1.자 복직자는 지원가능	
인천	1. 인천광역시교육청 관내 현직교사 2. 실교육경력 3년 이상 (2022.03.01.기준) ※실교육경력 : 신규임용발령 이후 인천광역시교육청관 내에서 근무한 교육경력(모든 휴직 및 연수파견기간 제외)	1. 기 석사학위 취득자(전공불문) 2. 파견중인 자 3. 현재 의무복무기간 중에 있는 자 4. 징계의결 요구중인 자 5. 징계처분기록말소제한기간이 경과하지 않은 자 6. 타시도교류가 예상되는 자	유치원 교사는 초등에 포함

광주	1. 2022.3.1.기준 광주광역시교육청 관내 학교 실 교육경력 5년 이상 (기간제교사 경력 제외)	1. 수사 중이거나 형사사건으로 기소 중인 자, 징계절차가 진행 중인 자 또는 징계처분 요구 중인 자 2. 재직 중 받은 징계 또는 불문경고(징계위원회의결에 의한 불문경고에 한함) 처분이 말소되지 않은 자 3. 재직중형사 처벌을 받은 자 4. 석사학위 이상 취득 자 5. 2022.3.1.기준초빙, 휴직, 파견 중인 자 6. 연수파견 기간 중 건강상의 이유로 대학원 수강 및 학위취득이 어려운 자 7. 타시·도 교류가 예상되는 자 8. 대학원 특별연수파견경력이 있는 자(중도포기자포함) 9. 파견복귀 후 의무복무를 이행할 수 없는 자	

대전	1. 교육경력 - 2022.3.1.자 우리 시 실 교육경력이 5년 이상 25년 미만 정규 교원 (제외 기간: 휴직·군경력·시간강사 기간) 2. 파견종료 후 근무기간 - 파견 종료 직후 복귀 및 파견기간 이상 우리 시 근무 3. 대전교육발전에 기여도가 높은 자(우리시실적만인정) [다음 교육활동 실적을 종합적으로 고려하여 추천] - 학생 지도(교육장 이상 입상) - 연구 활동(승진 가산점 0.5점 이상) - 대전교육발전 기여(장학, 연구, 자료 개발 활동 등) - 교육활동 관련 포상 실적 등	1. 2022.3.1. 기준 다음 항목 해당 교원 - 대학원 이중 학적, 석사학위 소지, 대학원 특별연수 파견경력 등 - 초빙, 휴직, 파견 중인 자 - 영어 심화연수 파견 복귀 후 3년(2020년 이후 연수자는 6개월), 학습연구년제 특별연수 이수 후 1년 미경과 - 파견 복귀 후 잔여 정년 2년 미만 2. 징계처분(불문경고,징계의결요구중인 자 포함) - 말소제한 기간 미경과 (기준일: 원서접수 시작일) 3. 학교장이 부적격하다고 판단하는 교원 4. 건강상의 문제로 연수에 지장이 있는 교원 5. 기타파견에 결격사유가 있는 교원	*유치원 및 초등 특수교사: 초등 *중등 특수교사: 중등

울산	1. 실교육경력 5년 이상인 자 (2022.02.28. 기준) ※실교육경력:신규임용발령이후울산광역시교육청관내에서 근무한 교육경력(모든 휴직 및 연수 파견기간 제외)	1. 석사학위 취득자 2. 파견중인 자 3. 징계처분기록 말소기간 미경과자 4. 기타물의야기자(금품·향응수수,성적조작,성범죄,학생상습폭행 등 4대 비위 포함) 5. 시도간 교류예정자	
경기	교육공무원으로 경기도에서 3년 이상 근무한 경력이 있는 자 (2021.09.01.기준) (기간제교사, 휴직, 파견기간 제외)	1. 파견, 휴직 중인 자 2. 대학원특별연수파견경력이 있는 자 3. 수석교사 4. 파견중휴직예정자 5. 징계처분기록말소제한기간 미경과자 6. 초빙교사(파견예정일 기준) 7. 석사학위기취득자 8. 2022.3.1.기준 대학원이중학적 보유자 9. 교감 또는 교장 승진후보자명부에 등재된 자(파견예정일 기준)	

강원	1. 교육공무원 임용 후 강원도 근무 경력 5년 이상인 자 (2022.03.01.기준) 2. 대학원교육파견종료 직후 복귀하여 동일기간 강원도의무복무 3. 파견종료 직후 당해연도 교육전문직원전형 응시제한 4. 최종합격자는 2022학년도 타시군전보제한	1. 파견, 휴직(예정), 면직(예정)중인 자 2. 2022학년도 타시도교류(전출,파견)내신서류제출예정자 3. 최근 5년간 6개월 이상 1년미만 교육파견자 4. 1년 이상 교육파견 및 학습연구년 파견자 5. 타대학원특별전형 응시(예정)자	
충북			특별전형을 특차(소속 교육청에서 지원자 별도 사전선발)로만 모집 ※ 특차 모집 관련 사항은 소속 교육청으로 문의

충 남	1. 국내·외에서 학사 학위를 취득한 자(2022년 2월까지 학위 취득예정자 포함) 및 관련 법령에 의하여 학사 학위를 취득한 자와 동등한 학력이 있다고 인정된 다음 해당자로서 소속 기관장의 추천을 받은 자 ⇒장학관(사), 교육연구관(사) ⇒유치원 또는 초·중등학교 현직교원 ※교육경력 3년 이상인 자 (충청남도교육청 소속 교원으로 실제 근무한 경력)	1. 충남교육청 소속 교원으로 실제 근무한 실경력 3년 미만인 자(휴직기간 및 기간제 교사 제외, 기준일: 2022.03.01.) 2. 석사학위 이상 취득자 3. 졸업 후 2년 이내 타시도전출 예정인 자 또는 면직 예정인 자 (연수 기간과 동일한 기간을 의무적으로 복무하여야 하며 타시도 전출 2년간 제한) 4. 2022.03.01.기준초빙·파견중에 있는 자 5. 징계 또는 불문경고처분을 받은 후 3년이 경과되지 않은 자 (2022.03.01.기준) 6. 6개월 이상 연수(교육)파견 후 3년이 경과되지 않은 자	특별전형 특차 (소속 교육청에서 지원자 별도 사전 선발) 도 모집 ※ 특차 모집 관련 사항은 소속 교육청으로 문의

전북	1. 실교육경력1)3년 이상의정규교원(2022.3.1.현재) 2. 파견복귀 후 2년 이상 의무복무 가능자 3. 유치원교원은 초등에 포함 ※초등13명=유아1명+초등12명 1) 정규교원으로 임용되어 근무한 경력(임용전기간제 경력과 휴직·파견기간 제외) 2) 2022.3.1.기준현임초빙(공모)교사임기만료교사는지원가능	1. 석사학위취득자 2. 파견, 휴직중인 자 3. 2022.3.1. 자타시·도교류 예정인 자 4. 초빙(공모)교사2) 5. 2021.3.1.자 이후 학교장 전입으로 전입한 교사 및 2022.3.1.자 학교장 전입예정인 자(중등) 6. 금품·향응수수, 성적조작, 성범죄, 학생상습폭행 등으로징계처분을 받은 사실이 있는 자 7. 징계의결요구, 징계처분, 직위해제중인 자 8. 징계처분된 자로 징계기록이 말소되지 아니한 자 또는 비위행위로 인하여 수사, 조사중인 자

전남	1. 학사학위를 소지한 전라남도교육청 관내 교육경력 5년(정규교사로 임용 후 실 근무 경력만 인정, 기간제교사 경력 및 휴직기간은 제외) 이상의 현직교원으로서, 해당 지원학과와 관련된 정교사(2급) 이상의 교원자격증을 소지하고, 소속 기관장의 추천을 받은 자 ※교육경력기준일:2022.03.01.	1. 입학일 기준 이중 학적 보유자 2. 석사학위과정기파견자 및 석사학위기소지자 3. 입학일 기준 초빙(공모)교사 및 학교장전입내신기간이 만료되지 않은 자 (중간에 초빙(공모)등을 해지할 수 없음) 4. 입학일 기준 JLP,학습연구년 파견 등으로 의무복무기간을 만료하지 않은 자 5. 전형일 기준 휴직 및 파견교사(휴직자 및 파견자는 연이어서 바로 휴직 및 파견을 허용하지 않음) 6. 징계말소제한기간이 경과되지 않은 자(불문경고포함) 7. 입학일 기준 1년 이내에 교내분쟁, 민원야기, 불법찬조금수수 등으로 행정경고를 받은 자 8. 수사중이거나 형사사건으로 기소중인 자, 징계의결요구, 징계처분 또는 직위해제에 있는 자 9. 휴학이 예상되어 대학원 수강 및 학위취득이 어려운 자(파견기간 중 휴학사유가 발생할 경우 파견취소 후 재파견하지 않음) 10. 타 시·도와 교류가 예상되거나 휴직 예정인 자	

경북			
경남	1. 본도 실교육경력 3년 이상 (2022.03.01.기준) - 정규교사로 임용 후 실 근무 경력만 인정 (기간제교사 경력 및 휴직 전체 기간 및 연수 파견기간 제외) 2. 유치원교원은 초등에 포함 (유아 1명+초등 5명) - 유아 1명 불합격시 초등으로 배정인원 변경 3. 파견복귀 후 2년간 경남에서 의무복무가능자 (파견 복귀 이후 2년간 경남 도내 교육행정기관 파견 불가)	1. 수사 중이거나 형사사건으로 기소 중인 자 2. 징계의결요구중인자또는요구예정인자 3. 징계처분집행 중이거나 징계처분을 받고 말소기간이 도과하지 않은 자 4. 교원대학교석사학위소지자 (파견근무조건으로 취득한 자) 5. 학습연구년제특별연수 이수 후 1년이 경과하지 않은 자 6. 파견복귀 후 타시도교류가예상되거나 휴직예정중인 자 7. 영어심화연수, 복수·부전공자격연수파견복귀 후 의무복무(근무)기간이 경과하지 않은 자	한국교원대학교 대학원 특별전형 파견 기간 중 휴직 등의 사유로 석사과정 이수가 불가능할 경우 원소속교로 복귀하여야 하며, 향후 재파견 불가

제주	1. 교육경력 3년 이상 (2022.03.01. 기준) 2. 파견복귀 후 5년 이상 의무 복무가능자	1. 석사학위 취득자 2. 2022.03.01.기준징계말소제한기간이 경과하지 않은 자 3. 타시·도와 교류가 예상되는 자	
세종	1. 휴직, 파견 등을 제외한 우리 교육청 정규교원 근무경력(실 교육 경력) 3년 이상인 자 2. 파견복귀 후 2년 이상 세종시에 근무할 수 있는 자 ※초등3명=유아1명+초등2명(*유아1명 불합격시 초등으로 배정인원 변경)	1. 최근 3년 이내 교육파견자(영어심화연수 포함) 및 학습연구년 파견자 2. 기준일 현재 수석교사, 초빙교사, 진로전담교사, 공모교사 (전국) 3. 타시도교류가 예상되는 자 4. 물의야기, 징계의결요구중인자 또는 징계처분말소기간미경과자 5. 수사사건, 형사사건으로 수사 또는 기소중인 자	한국교원대학교 대학원 특별전형 파견 기간 중 휴직 등의 사유로 석사과정 이수가 불가능할 경우 원소속교로 복귀하여야 하며, 향후 재파견 불가

부록1 155

부록 2. 논문계획서 및 연구계획서 예시

[논문계획서 예시]

논문제목 : 2015 개정 수학과 교육과정과 IB DP 수학과 교육과정의 교과서 비교·분석 – 미적분 영역을 중심으로

1. 연구의 필요성 및 목적

갈수록 커지는 세계화의 물결 속에서 정치, 경제, 사회, 문화 등 많은 분야의 국제적 교류가 활발해지고 있다. 1986년에 세계 전체를 하나의 시장으로 개편하기 위한 우루과이라운드가 시작되었으며 교육은 이미 서비스 품목의 하나로서 교육시장의 국제적 개방, 국제적 분교 설치, 국제적 원격 교육, 학력과 학위의 국제 표준화 작업 등이 지속적으로 추진되고 있다(김재춘, 2008). 또한 OECD가 주관하는 PISA, IEA가 주관하는 TIMSS와 ICILS와 같은 국제 학업성취도 평가가 시행되고 있고, 교육제도와 정책은 국가간 전이 및 차용으로 세계적 동형화가 늘어나고 있다(성열관, 2010). 세계화에 따른 국제통용 가능한 교육과정의 필요성이 대두됨에 따라 대학교육의 건축설계, 공학분야에서 세계 공통 교육과정

이 진행되고 있으며 중등학교 수준에서도 세계 통용 중등학교 졸업자격 인정 프로그램인 IB와 미국의 AP 등이 각광받고 있다(강익수 외, 2006). 2015 개정 교육과정에서 추구하는 인간상에 '공동체 의식을 가지고 세계와 소통하는 민주 시민으로서 배려와 나눔을 실천하는 더불어 사는 사람'을 명시하고 있고, '지역·국가·세계 공동체의 구성원에게 요구되는 가치와 태도를 가지고 공동체 발전에 적극적으로 참여하는 공동체 역량'을 핵심역량 중 하나로 설정한 것은 이러한 교육의 세계화 현상을 반영하는 것이라 볼 수 있다(교육부, 2015).

인류 문명 발전의 원동력이 되어 온 수학은 세계화·정보화가 가속화되는 미래 사회의 구성원에게 필수적인 역량을 제공하며, 세계 공동체의 시민으로서 갖추어야 할 합리적 의사 결정 능력과 민주적 소통 능력을 함양할 수 있다는 점에서 수학교육에서도 세계화에 대응할 필요성이 요구된다(교육부, 2020).

국제 바칼로레아(International Baccalaureate)는 이러한 교육의 국제화 현상을 잘 드러내고 있다. 1968년에 설립된 국제 바칼로레아 기구(IBO)는 꾸준한 성장을 거쳐 2021년 2월 기준 158개국의 5,400개 이상의 학교에서 IB 교육과정이 운영되고 있을 만큼 세계적으로 프로그램의 가치를 인정받고 있다(IBO, 2021). 일본은 문부교육성이 IB와 협력하여 IB 교육과정을 국가 교육과정으로 채택하여 일본어로 된 IB 교육과정을 자국 학생들에게 제공하고 있다(임영구, 2015).

김선희 외(2020)는 그동안 IB에 대한 연구가 IB DP 도입 현황과 사례, 이수 및 운영, 대학입시와의 관련성 등과 같이 교육과정 총론 수준에서 주로 이루어져 왔으며, IB의 수학교육에 대한 국내 연구가 부족함을 지적했다. DP의 범위로 한정하면 2009 개정 교육과정과 IB DP 교육과정을 대수 영역을 중심으로 비교한 양현주 외(2015), 2009 개정 교육과정과 IB DP 교육과정에 따른 교과서를 확률과 통계 영역 중심으로 비교한 박영태(2016), 2015 개정 교육과정과 IB DP 교육과정에 따른 교과서를 다항식 단원을 중심으로 비교한 박예은(2019), 2015 개정 교육과정과 IB DP 교육과정에 따른 교과서를 함수 영역을 중심으로 비교한 전혜린(2019)의 연구가 전부인 상황이다. 기존에 연구된 영역들 외의 다른 영역에 대한 연구는 IB DP 수학교육에 대한 이해를 풍부하게 함으로써 우리나라 수학과 교육과정 발전에 참고할만한 시사점을 줄 수 있을 것이다.

미적분은 학교수학의 최종수준, 그 절정으로서 그 이전의 내용은 미적분을 학습하기 위한 준비과정이라고 해도 과언이 아니며, 미적분은 계산규칙인 알고리듬과 그러한 계산규칙이 작용하는 이유를 개념적으로 설명하는 이론, 그리고 과학의 기본적인 문제에의 그러한 이론과 규칙의 적용이라는 3가지 요소로 이루어져 있다. 고등학교 수학이 미적분을 중심으로 구성되는 데에는 미적분이 자연과학, 공학, 경제학 등을 전공하려는 학생들에게 필수적으로 요구된다는 점도 있지만, 그보다 독창적인 사고 경험을 할 수 있는 풍부한 학습 기회를 제공해 준다는 점에서 그 본질적인 이유를 찾을 수 있다. 특히 미적분은 학교수학에서 무한과정이라는 매우 중요한 아이디어를 도입하는 좋은 기회가 되며, 연속수학의 도구와 그것이 제공하는 수학에 대한 일관된 관점을 제공하는 중요한 분야이다(우정호, 1998).

2. 연구문제

위와 같은 연구목적을 달성하기 위하여 다음과 같은 연구 내용을 설정하였다.

가. 2015 개정 수학과 교육과정의 미적분 영역과 IB DP의 수학과 교육과정의 미적분 영역의 단원 구성 체계 및 내용에는 어떤 차이가 있는가?

나. 2015 개정 수학과 교육과정의 미적분 영역과 IB DP의 수학과 교육과정의 미적분 영역에서 내용 제시 방법에는 어떤 차이가 있는가?

3. 선행연구 조사

가. IB 교육과정의 개관

IB(International Baccalaureate) 교육과정은 1968년에 스위스 제네

바에서 설립된 비영리 교육재단인 IBO(International Baccalaureate Organization)가 해외에 거주하는 근로자의 자녀들을 위해 만든 프로그램이다(Lodewijk, 2008). 1968년 IBO의 설립과 함께 고등학교 과정 프로그램 DP(Diploma Programme)가 시작되었고, 1994년에 중학교 과정 프로그램 MYP(Middle Year Programme), 1997년에 초등학교 과정 프로그램 PYP(Primary Year Programme), 그리고 2012년에 직업교육 과정 프로그램 CP(Career-related Programme)가 신설되면서 현재는 총 4개의 프로그램을 제공하고 있다(이지은·강현석, 2018).

나. IB DP(Diploma Programme) 수학과 교육과정

개정되기 전 IB DP 수학과 교육과정은 수학학업 표준과정(Mathematical Studies Standard Level), 수학 표준과정(Mathematics Standard Level), 수학 상급과정(Mathematics Higher Level), 심화 수학과정(Further Mathematics Higher Level)의 4개의 과정을 제공했다(IBO, 2012; 장기영, 2013). 2019년 IB DP 수학과 교육과정이 개정되어 〈수학: 분석 및 접근 Standard Level〉, 〈수학: 분석 및 접근 High Level〉, 〈수학: 응용 및 해석 Standard Level〉, 〈수학: 응용 및 해석 High Level〉의 4개의 과목을 제공한다(IBO, 2019).

IB DP의 수학 내용 영역은 수와 대수, 함수, 기하와 삼각함수, 통계와 확률, 미적분으로 구성되며, 개념적 이해를 증진시키는 데 도움이 되는 12개의 관련 개념(양, 근삿값, 패턴, 변화, 타당성, 모델링, 표현, 관계, 시스템, 공간, 동치, 일반화)과 연결된다. 그리고 지식 이론, 창의 봉사 활동, 교수·학습법, 국제적 마인드가 수학 교과목과 관련된다(김선희 외, 2020).

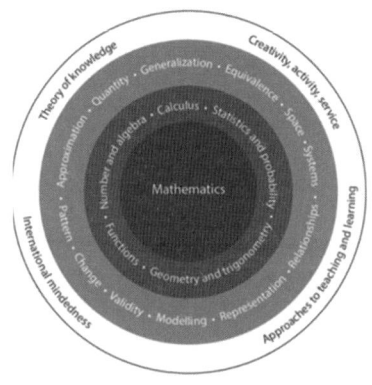

[그림 1] IB 수학 교육과정 모델(IBO, 2019, p.7)

다. IB DP 관련 선행연구

1) IB DP 수학과 교육과정에 대한 연구

김선희 외(2020)는 IB DP의 수학 내용을 SL 과정과 HL 과정으로 나누어 정리하고 IB DP의 수학 교수·학습 특징을 분석하여 고등학교 수학 교육이 나아가야 할 방향으로 학생 진로에 따른 관련 내용 학습 기회 확대, 빅 아이디어 중심의 핵심 개념 지도, 학생 탐구 중심 수업 시행, 공학 도구 활용 활성화, 교육목표, 교수·학습, 평가의 일체화 등을 제시했다.

김선희, 안세인(2020)은 IB의 MYP와 DP 수학 평가 체제를 분석하여 수학과 과정 중심 평가를 학교 현장에 안착시킬 수 있는 방안을 평가 설계, 평가 도구 개발, 평가 결과 산출 및 활용, 공정성 확보 측면에서 제시했다. 이러한 방안이 효과를 거두기 위해 준거 참조 평가 시행, 교과 역량 요소를 반영한 과정 중심 평가틀 개발, 학생 평가에 대한 인식 개선 등의 제반 여건이 필요하다고 보았다.

오국환 외(2021)는 IB DP 수학과 교육과정 문서의 일관성을 탐구한 결과를 바탕으로 향후 우리나라 수학과 교육과정의 일관성 있는 문서 구현의 방향성을 제안했다. 교육과정의 목차와 형식을 세분화하여 구체적으로 작성하고, 과목 간, 과목 내 연계를 강화할 수 있는 장치를 마련해야 하며, 다학문적 관점에서 타 교과와의 연계가 포함된 서술을 도모함으로써 교육과정 문서 내의 별도의 장치가 필요하다고 주장했다.

2) 우리나라 교육과정과 IB DP 교육과정의 교과서 비교 연구

양현주 외(2015)는 2009 개정 수학과 교육과정과 IB DP 수학과 교육과정에서의 교과서를 다항식, 방정식과 부등식, 수열, 지수와 로그 등 고등학교 대수 영역을 중심으로 비교·분석했다. 공통교육과정 단계인 〈수학Ⅰ〉과 〈수학Ⅱ〉의 내용이 자연계열에 해당하는 IB DP의 HL과 동일하다는 것은 대수 영역의 학습량이 많다고 볼 수 있으며, IB DP의 교과서에 비해 연역적 증명이 많아 직관적 접근의 비중을 높이는 것을 수학에 대한 학생들의 흥미와 성취도를 높일 수 있는 방안으로 제시했다.

박영태(2016)는 2009 개정 수학과 교육과정의 교과서와 IB DP의 HL

교과서를 확률과 통계 영역을 중심으로 비교·분석했다. 내용 면에서는 우리나라 교과서에서 IB DP의 HL보다 더 많은 양의 통계적 개념을 다루고 있으며, 제시 방식 측면에서는 IB DP 교과서에서 단원 도입부에 제시되었던 문제를 개념 학습 후 개념과 연결시켜 다룸으로써 개념 간의 연결성을 높였다고 보았다.

박예은(2019)은 2015 개정 수학과 교육과정과 IB DP의 다항식 단원에 해당하는 교과서를 비교·분석하여 IB DP 방식을 활용한 학습 자료를 개발하고, 이를 바탕으로 수업과 설문조사를 실시했다. 다항식 개념을 도입하는 방법에서 2015 개정 수학과 교육과정의 실생활 예시와 IB DP의 명확한 정의를 결합하는 방식이 설문조사 결과 긍정적 효과가 있었다.

전혜린(2019)은 2015 개정 수학과 교육과정의 〈수학〉 함수 영역과 IB DP의 같은 영역에 해당하는 교과서를 Skemp의 이론을 바탕으로 비교·분석했다. 함수의 정의, 함수의 표상, 항등함수, 함수의 연산, 유리함수와 무리함수 각각에 대해 비교했고 함수의 그래프 강화, 함수가 정의되기 위한 조건 강조 등이 필요하다고 보았다.

라. 교과서 비교를 위한 분석틀: 프로젝트 2061

'프로젝트 2061'은 미국과학진흥협회(AAAS)가 1980년대 초 미국의 이공계 기피 풍조와 기초과학의 위기현상에 대응하기 위하여 시작한 사업이다. 과학일반, 수학, 기술 분야의 교육 혁신과 캠페인 전개를 통해 잠재적인 이공계 지원대상인 학생 및 청소년은 물론 전국민의 과학적 소양을 고양시키는 것을 목적으로 한다(변두원, 2005).

　K-12학년 학생들이 수학 교육목표를 수행하는 데 있어 교과서의 내용, 교수 전략, 평가가 학생과 교사에게 얼마나 도움이 되는지 분석하기 위하여 AAAS는 20년 간 효과적인 교수·학습에 관한 연구를 바탕으로 '프로젝트 2061'에 의한 교과서 분석 방법을 만들었다. 이 분석틀은 7개의 평가 영역별로 세부 평가기준이 있으며, 세부 평가기준별로 충족 여부를 심사하는 데 도움을 주기 위한 평가지표가 제시되어 있다. 평가 영역은 '교육목표의 제시, 학생의 아이디어 존중, 학생에게 적절한 경험 및 참여 제공, 수학적 개념의 개발 및 활용, 현상·경험·지식에 대한 학생의 사고력 촉진, 학생의 발전 정도 측정, 수학 학습 환경 향상'의 7개 영역이다(추재임, 2012).

4. 연구방법 및 절차

가. 연구 대상

1) 2015 개정 교육과정 수학 교과서

　2015 개정 수학과 교육과정에서 미적분 영역을 다루고 있는 과목은 고등학교 일반 선택 과목 중 〈수학Ⅱ〉와 〈미적분〉이다. 학교 현장에서 많이 사용되고 있는 교과서 중 ㈜천재교육(류희찬 외, 2019)과 ㈜비상교육(김원경 외, 2019) 2종을 선정하여 ㈜천재교육에서 발행된 〈수학Ⅱ〉

와 〈미적분〉, ㈜비상교육에서 발행된 〈수학Ⅱ〉와 〈미적분〉 등 총 4권을 연구의 대상으로 한다.

2) IB DP 수학 교과서

IB DP의 수학 교과서는 단계별로 구성되어 있어 모든 교과서에 '수와 대수, 함수, 기하와 삼각함수, 통계와 확률, 미적분' 영역이 포함되어 있다. 따라서 각 교과서의 Calculus 단원을 분석 대상으로 한다. 채택률이 높은 IBID Press(Bill Blyth et al., 2019)와 Haese Mathematics(Michael Haese et al., 2019) 2종을 선정하여 IBID Press에서 발행된 Mathematics-Common Core 외 4권, Haese Mathematics에서 발행된 Mathematics Core Topics SL 1 외 5권을 포함한 총 11권을 연구의 대상으로 한다. 다음 〈표 1〉에서 AA는 Analysis and Approaches를, AI는 Applications and Interpretation을 의미한다.

<표 1> 분석 대상 교과서

교육과정	교과서	저자	출판사	발행년도
2015 교육과정	수학Ⅱ	류희찬 외	㈜천재	2019
	미적분			
	수학Ⅱ	김원경 외	㈜비상교육	2019
	미적분			

IB DP	Mathematics-Common Core	Bill Blyth et al.	IBID Press	2019
	Mathematics-AA SL			
	Mathematics-AA HL			
	Mathematics-AI SL			
	Mathematics-AI HL			
	Mathematics Core Topics SL 1	Michael Haese et al.	Haese Mathematics	2019
	Mathematics Core Topics HL 1			
	Mathematics AA SL 2			
	Mathematics AA HL 2			
	Mathematics AA SL 2			
	Mathematics AI HL 2			

3) 2015 개정 교육과정의 미적분 영역 내용 체계

2015 개정 수학과 교육과정에서는 공통 과목인 〈수학〉을 학습한 후 일반 선택 과목 〈수학Ⅱ〉에서, 일반 선택 과목인 〈수학Ⅰ〉과 〈수학Ⅱ〉를 학습한 후 일반 선택 과목 〈미적분〉에서 미적분에 대해 학습할 수 있도록 과목이 구성되어 있다. 〈수학Ⅱ〉에서는 '함수의 극한과 연속', '미분', '적분'의 3개 개념을, 〈미적분〉에서는 '수열의 극한', '미분법', '적분법'의 3개 개념을 핵심 개념으로 다룬다(교육부, 2020).

<표 2> 2015 개정 교육과정 미적분 영역 내용 체계(교육부, 2020)

과목	영역	핵심 개념	내용요소
수학Ⅱ	해석	함수의 극한과 연속	함수의 극한, 함수의 연속
		미분	미분계수, 도함수, 도함수의 활용
		적분	부정적분, 정적분, 정적분의 활용
미적분	해석	수열의 극한	수열의 극한, 급수
		미분법	여러 가지 함수의 미분 여러 가지 미분법, 도함수의 활용
		적분법	여러 가지 적분법, 정적분의 활용

4) IB DP의 미적분 영역 내용 체계

IB DP 수학은 〈수학: 분석 및 접근〉과 〈수학: 응용 및 해석〉이라는 2가지 계열로 나뉘며, 〈수학: 분석 및 접근〉은 수학, 공학, 일부 경제학에 관심 있는 학생들이, 〈수학: 응용 및 해석〉은 사회과학, 자연과학, 의학, 통계, 경영, 심리학, 디자인에 관심 있는 학생들이 선택하는 계열이다. 그리고 수준에 따라 각각 SL(Standard Level)과 HL(High Level)로 구분되어 〈수학: 분석 및 접근 SL〉, 〈수학: 분석 및 접근 HL〉, 〈수학: 응용 및 해석 SL〉, 〈수학: 응용 및 해석 HL〉의 4가지 과목이 있다(김선희 외, 2020). IB DP 수학과 교육과정 내용은 '수와 대수, 함수, 기하와 삼각함수, 통계와 확률, 미적분'의 5가지 영역으로 이루어져 있고, 이 영역들은 4가지 과목에 모두 포함되어 있다(IBO, 2021).

<표 3> IB DP 미적분 영역 내용 체계(김선희 외, 2020)

계열	수준	내용
공통 과정	SL	다항함수의 극한, 도함수, 접선과 법선, 공학 도구를 활용한 적분, 정적분
분석 및 접근(AA)	SL	삼각함수의 미분, 합성함수의 연쇄 법칙, 이계도함수, 도함수의 그래프, 극댓값과 극솟값, 부정적분, 정적분, 정적분의 활용
	HL	도함수의 정의, 로피탈 정리, 음함수미분, 최적화 문제, 역삼각함수의 미분, 삼각함수·지수함수·로그함수의 미분, 치환적분법, 부분적분법, 정적분의 활용, 회전체의 부피, 미분방정식, 맥클로린 급수

응용 및 해석(AI)	SL	극댓값과 극솟값, 맥락이 있는 최적화 문제, 사다리꼴 공식을 사용하여 넓이 어림하기
	HL	삼각함수의 미분, 이계도함수, 적분과 적분의 활용, 방향장, 오일러 방법을 이용한 일계와 이계 미분방정식

나. 연구 방법

교육부의 교육과정 해설서와 총론을 중심으로 2015 개정 수학과 교육과정을 분석하고, 2015 개정 수학과 교육과정의 미적분 영역과 관련된 논문을 조사한다. IB 교육과정에 대해서는 IBO의 문서를 중심으로 분석하고, IB 교육과정과 관련된 논문, 특히 IB DP 수학과 교육과정 관련 논문을 중점적으로 조사한다.

2015 개정 수학과 교육과정과 IB DP 수학과 교육과정의 미적분 영역을 비교·분석하기 위해 우리나라의 〈수학Ⅱ〉, 〈미적분〉 2종 교과서와 IB DP의 〈Mathematics: Core〉, 〈Mathematics: AA(SL, HL)〉, 〈Mathematics: AI(SL, HL)〉 2종 교과서의 미적분 단원을 내용 요소 및 분량, 내용 구성 체계를 중심으로 비교·분석한다. 2015 개정 수학과 교육과정과 IB DP 수학과 교육과정의 미적분 내용 제시 방법의 차이점을 분석하기 위해 '프로젝트 2061'의 수학 교과서 분석 기준에 따라 대상 교과서들의 학습 내용 제시 방식의 특징을 비교·분석한다.

<표 4> '프로젝트 2061'의 수학 교과서 분석 기준(추재임, 2013)

평가 영역	평가 지표
학습 목표의 제시	학습목표가 쉽게 이해할 수 있는 형태로 제시되어 있는가?
	목표가 흥미와 동기유발을 고려하는가?
	목표에 대하여 생각하고 논의할 기회를 주는가?
	활동과 설명이 제시된 목표와 일관된 내용인가?
	각 단원의 끝부분에서 학습 내용을 다시 정리하는가?
	활동이나 수업이 다른 활동과 관련된 바를 확인하게 하는가?
	전체적인 활동의 계열이나 수업을 위한 이론적 근거가 지도서에 제시되는가?
학습자의 아이디어 존중 (학생의 지식, 생각을 고려)	학습하고자 하는 수학의 내용에 대해 어떤 선행지식이 존재하는지를 제시하고, 연결하는가?
	일반적인 학생들이 지니고 있는 개념을 명확하게 파악하는가?
	기본 개념을 학습하기 전에 학생들이 가지고 있는 개념을 교사가 확인하도록 하는 구체적인 질문이나 과제를 제시하는가?
	학생들이 개념이나 절차를 예측하거나 설명하도록 하는 질문이나 과제를 포함하는가?
	기초개념에서 출발하여 점차 발달하도록 도울 수 있는 질문, 과제, 활동을 제시하는가?

적절한 경험 및 참여 기회 제공	학습내용에 부합되는 사물, 재료를 활용한 경험을 제공하는가?
	학생들의 지식에 기초하여 개념을 의미있게 연결하는 경험을 제공하는가?
	직접적인 경험을 효율적으로 활용하는가?
수학적 개념의 개발 및 활용	학생들이 이해할 수 있는 예를 사용하여 기본 개념을 설명하는가?
	정의나 절차를 암기보다 경험에 의해 학습하도록 하는가?
	수학적 아이디어의 전개에 있어서 표현 방법의 종류와 양은 적절한가?
현상, 경험, 지식에 대한 사고력 촉진	기본개념을 명확하게 설명하는가?
	과제가 적절하게 연결되어 학습을 촉진하도록 구성되었는가?
학생의 발전 정도 측정	기본개념과 관련된 평가문항을 제시하는가?
	학습과정에 통합된 평가기회를 제공하는가?
수학 학습을 촉진하는 환경 제공	학습내용의 배경이 되는 다른 개념 또는 설명이 제시되는가?
	호기심이나 창의성을 표현할 기회를 제공하는가?

다. 연구 절차

자료의 선정 및 수집	2015 개정 교육과정 자료	- 2015 개정 교육과정 해설서 - <수학 II >, <미적분> 교과서 - 국내 관련 논문
	IB DP 자료	- Mathematics AA & AI Guide(IBO, 2021) - Mathematics AA & AI SL, HL(IBID Press, 2019; Haese Mathematics, 2019) - 국내외 관련 논문

자료의 기술 및 비교·분석	연구 문제를 해결하기 위해 2015 개정 수학과 교육과정과 IB 수학과 교육과정을 바탕으로 교과서를 학습 내용과 전개 방식을 비교·분석하여 유사점과 차이점을 찾고 시사점을 도출한다.

5. 참고문헌

- 강익수·홍후조·성열관(2006). 우수 고교생의 대학진학준비 교육과정으로서의 AP와 IB의 비교 연구. 비교교육연구, 16(4), 207-235.
- 교육부(2015). 2015 개정 교육과정 총론(교육부 고시 제2015-74호 [별책1]).
- 교육부(2020). 수학과 교육과정(교육부 고시 제2020-236호 [별책8]).
- 김경희(2016). AP와 IBDP의 대학입학전형자료로 활용가능성 탐색. 교육문화연구, 22(4), 135-156.

- 김선희·김수민·이은정(2020). IB DP 수학 내용 및 교수·학습 특징에 근거한 고등학교 수학교육의 방향. 수학교육학연구, 30(2), 329-351.
- 김선희·안세인(2020). IB 수학 평가 체제 분석을 통한 과정 중심 평가 안착 방안 모색. 수학교육학연구, 30(3), 445-463.
- 김재춘(2008). IB 교육과정이 우리나라 고등학교 선택중심 교육과정의 편성과 운영에 주는 시사점 탐색. 열린교육연구, 16(1), 21-38.
- 박영태(2016). 우리나라와 IBDP의 고등학교 교과서 비교분석-'확률과 통계' 중심으로. 전남대학교 교육대학원 석사학위 논문.
- 박예은(2019). IBDP 교육과정을 도입한 수학과 교수·학습 방법 및 개선방안-<수학>의 다항식을 중심으로. 경희대학교 교육대학원 석사학위 논문.
- 변두원(2005). 미국의 '프로젝트2061' 수행을 위한 수학적 권고에 관하여. 과학교육연구, 36, 15-33.
- 성열관(2010). 교육정책 전이 및 차용 연구의 종합적 분석틀에 대한 이론적 고찰. 비교교육연구, 20(2), 1-25.
- 양현주·좌준수·최승현(2015). 2009 개정 수학교육과정과 IBDP 수학과 교육과정에서의 교과서 비교 연구-고등학교 대수 영역을 중심으로. 수학교육논문집, 29(3), 391-421.
- 오국환·이창석·이경원·권오남(2021). IB DP 수학과 교육과정 문서 체재의 일관성 분석 연구. 수학교육논문집, 35(1), 75-96.
- 우정호(2017). 학교수학의 교육적 기초 개정판(하). 서울대학교출판문화원.
- 이지은·강현석(2018). 세계의 IBDP 교육과정 도입 과정 및 동향 분석: 교육과정

적 이슈를 중심으로. 교육과정연구, 36(4), 97-123.
- 임영구(2015). 제주국제교육모델로서 IB 교육과정의 현황과 전망. 교육과학연구, 17(2), 49-75.
- 장기영(2013). 장기영의 IB로 명문대가기. 서울: BEC영국교육원.
- 전혜린(2019). 2015 개정 수학과 교육과정과 IBDP 수학과 교육과정의 고등학교 <수학> 함수 영역 교과서 비교. 강원대학교 교육대학원 석사학위 논문.
- 추재임(2012). 한국의 수학 교과서와 미국의 CMP 교과서 비교-중학교 방정식과 함수 단원 중심으로. 한국교원대학교 대학원 석사학위 논문.
- 추재임·이종학·김원경(2013). 한국 수학 교과서와 미국 CMP 교과서의 비교·분석-중학교의 방정식과 함수 단원을 중심으로. 수학교육, 52(1), 43-63.
- 하화주·홍후조·박하식(2012). 우리나라 고등학교에서의 IBDP 교육과정 적용의 현황 및 과제. 교육과정연구, 30(4), 51-79.
- IBO(2012). Diploma Programme Mathematics HL guide. International Baccalaureate Organization.
- IBO(2019). Mathematics: analysis and approaches guide. International Baccalaureate Organization.
- Lodewijk van Oord(2008). Peace Education: an International Baccalaureate perspective. Journal of Peace Education, 5(1), 49-62.
- IBO(2021). Homepage. https://www.ibo.org/ 2021. 4. 28. 검색.

6. 연구 추진 계획

일정	연구 추진 내용
2021년 3월	- 선행 연구 검토 - 연구주제 선정
2021년 4월~5월	- 연구계획서 작성 - 자료 수집 및 문헌 검토
2021년 6월~8월	- 자료 비교·분석
2021년 9월~11월	- 연구 보고서 작성 및 제출

[연구계획서 예시]

제목 : 학교업무정상화 교무업무지원팀 효과성 분석: 충남교육청 고등학교를 중심으로

1. 연구 필요성 및 목적

본 연구의 목적은 학교업무정상화 중 교무업무지원팀 운영 실태와 효과성을 분석하기 위함이다. 학교업무정상화정책은 교육여건 개선에 해당하는 정책으로 '학교업무정상화정책 실행 → 교사의 행정업무에 투여하는 시간 감소 → 교사의 수업과 생활지도, 연구에 투여하는 시간 증가'라는 전제로 시행되고 있다고 할 수 있다. 교사의 행정 업무 부담을 줄여주는 문제가 아니라 교사가 수업과 생활지도에 더 전념하고 더 나아가 학부모와 학생의 학교 만족도 제고가 이 정책의 목적이라고 할 수 있다. 이러한 맥락에서 본 연구의 필요성은 다음과 같다.

첫째, 중앙정부와 시·도교육청에서 학교업무정상화정책을 지속적으로 추진하고 있지만 아직도 교사의 행정업무의 양이 많다는 인식이 다수이다. 한국교총이 2021년 6월 전국 초중고 교사를 2889명을 대상으로 실시한 설문조사 결과 "행정업무의 양이 많다"고 응답한 교원이 90.7%

를 차지했을 정도로, 학교현장에서 행정업무 부담에 관한 인식은 계속되고 있으며, 학교업무정상화 정책의 실시에도 현장에서 체감도는 낮은 수준이다(권용수 외, 2013: 이인회 외, 2010). 따라서, 학교업무정상화 사업이 학교현장에서 어떻게 운영되고 있는지 운영 방안을 살펴보고, 학교업무정상화 사업이 교사의 행정업무에 투여하는 시간 감소에 기여했는지 분석하는 연구가 필요하다.

둘째, 실제적으로 학교현장에서 작용하는 학교업무정상화정책의 방향이 전자문서시스템 도입, 공문 감축 등을 통한 행정업무 간소화에서 교무업무지원팀 운영 및 교무행정지원사 배치 등을 통한 학교조직 재조직화로 변화하고 있다. 1970년대부터 중앙정부에서도 학교업무정상화를 위한 정책을 실시하고 있으며(유미현, 2014), 현재 학교현장에 영향을 미치는 최근 10여 년간 중앙정부의 교원업무경감 주요 정책 내용은 크게 두 가지로 나누어 볼 수 있다. ①전자문서시스템 도입, 공문 감축 등을 통한 행정업무 간소화와 ②교무업무지원팀 운영 및 교무행정지원사 배치 등을 통한 학교조직 재조직화이다. 전자문서시스템 도입과 공문 감축은 손쉬운 공문 발송이 가능한 전자결재시스템의 특성으로 인한 공문 증가와 새로운 시스템을 익혀야 하는 어려움으로 도리어 학교행정업무 부담을 가중하고 있다는 지적이 있었다(이인회 외, 2010). 이런 한계를 극복하기 위해 단순히 업무간소화와 공문감축의 수준이 아닌 학교조직을 수업, 생활지도, 교사의 전문성 신장에 맞춘 교무행정지원사 배치 및 교무업무지원팀 운영 등 학교조직의 재구조화 수준에서 학교업무정상화정책이 이루어지고 있다.(이인회 외, 2010; 정영수 외, 2011) 그러므로, 교무업무지원팀 운영과 교무행정지원사 배치는 근래에 이루어지는 학교업무정상화정책의 핵심이라고 할 수 있다. 또한, 교무업무지원팀 안에 교무행정지원사가 배치되고 있는 현실에서 교무업무지원팀을 중심으로 학교업무정상화정책을 분석하는 연구가 필요하다.

셋째, 학교업무정상화정책 중 교무업무지원팀 운영으로 교사의 수업, 생활지도, 연구에 투여하는 시간, 학생·학부모의 학교만족도에 미치는 영향을 살펴볼 필요가 있다. 기존의 학교업무정상화정책의 효과성 분석 연구들은 만족도 조사(송진웅 외, 2019; 엄정연 외, 2013), 업무유형별 투입시간을 조사·분석(정연홍 외, 2020), 학교업무정상화에 따른 학년부제 운영 양상과 교사들의 인식 분석(양지선, 2021)이 있었다. 본 연구는 기존의 연구에서 더 나아가 교사의 행정업무 부담 감소가 교사의 수업·생활지도 전념과의 관련성에 대해 살펴보고, 교무업무지원팀 운영이 궁극적인 목적인 학생·학부모의 학교만족도에 미치는 영향을 살펴보고자 한다.

한 교원단체에서는 교원의 직무를 교수학습과 연구 등 본연적인 업무에 한정하도록 하는 초중등교육법 시행령 개정을 요구하고 있을 정도로 학교업무정상화는 학교에서 큰 화두이다. 고등학교에서 이루어지는 교무업무지원팀의 운영상황을 살펴보고, 실제 효과를 분석해봄으로써 학교업무정상화정책의 교육적 효과를 제고하기 위한 교육적 시사점을 도출할 수 있을 것이다.

2. 연구 내용

가. 충청남도교육청 고등학교 교무업무지원팀 운영 실태 및 효과성 분석

학교업무정상화를 위해 교육활동 중심으로 조직을 재조직화하면서 교감, 부장교사, 교육행정지원인력 중심의 교무업무지원팀과 담임위주의 학년부로 나뉘거나, 교과위주의 팀(예, 인문사회부, 과학정보부 등)으로 운영하고 있다. 본 연구에서는 충청남도교육청 소속의 전체 고등학교 117개교의 학교업무분장을 분석하여 교무업무지원팀의 운영 실태를 연구하고, 이를 바탕으로 교무업무지원팀의 교육적 효과성을 분석하고자 한다.

우선, 사전연구를 통해 교무업무지원팀을 분석하는 틀을 만들고자 한다. 교무업무지원팀 분석 틀의 타당성을 높이기 위하여 전문가 설문조사, 면담 등을 실시하려 한다. 교무업무지원팀을 분석하는 틀이 완성되면 고등학교 교육과정운영계획서에 첨부된 업무분장을 통해 교무업무지원팀의 실태를 파악할 것이다.

교무업무지원팀의 실태를 파악한 학교 중에 고등학교 유형별로 유층

표집하여 실제 교사의 업무 유형별 투입시간을 조사하고 분석하고자 한다. 또한, 교무업무지원팀운영과 업무 유형별 투입시간의 관계를 분석하면서 학교유형별로 교무업무지원팀이 학교에 미친 실제 영향을 살펴볼 수 있을 것이다.

나. 고등학교급에서 교무업무지원팀 운영의 정책적 시사점 도출

교무업무지원팀 운영은 '교무업무지원팀 운영 → 교사의 행정업무에 투여하는 시간 감소 → 교사의 수업과 생활지도, 연구에 투여하는 시간 증가 → 학생과 학부모의 학교만족도 증가'라는 가정하에서 이루어지고 있다고 할 수 있다. 인과추론을 하기 위해서는 원인이 시간상으로 결과보다 앞서야 하는 방향성, 연관이 있어야 하고, 원인만이 결과에 영향을 미치는 격리 요건(유진은, 2015)이 필요하다. 학교업무정상화 정책과 학교조직의 특성상 실험설계가 어려운 현실에서 각 단계 간의 상관연구를 통해 관련성을 연구하고자 한다. 예를 들어, 교사의 행정업무에 투여하는 시간과 교사의 수업과 생활지도에 투여하는 시간의 관련성을 살펴볼 수 있다. 이를 통해, 교무업무지원팀 운영이 학생과 학부모의 학교만족도 증가라는 최종목적과의 관련성을 추론할 수 있을 것이며, 교무업무지원팀의 효과를 극대화하기 위해서는 보완해야 할 점을 살펴볼 수 있을 것이다. 이러한 연구 결과를 통해 고등학교 특성에 맞게 교무업무지원팀 운영의 정책적 시사점을 도출하려 한다.

3. 연구 방법

가. 문헌 연구

교무업무지원팀 개념정의와 유형을 모색하기 위하여 선행연구를 분석할 것이다. 다음으로 실제 고등학교 교무업무지원팀 운영 현황을 살펴보기 위해, 충청남도교육청 전체 고등학교 117개교의 업무분장을 학교교육과정 운영계획서를 통해 분석할 것이다. 또한 고등학교 유형별로 고등학교를 표집하여 학년말 이루어지는 학교만족도 결과를 조사할 것이다. 이를 통해 고등학교 학생과 학부모의 학교만족도를 알 수 있을 것이다.

나. 설문 분석

학교유형별로 충남교육청 고등학교 중 10%에 해당하는 10여개의 고등학교를 유층표집하여 설문조사를 실시하고자 한다. 설문으로 학교별 교사의 수업과 생활지도, 행정업무에 투여하는 시간을 조사하여 각각의 평균, 표준편차 등과 같은 기술 통계를 분석하려 한다. 상관분석을 통해 교사의 행정업무 시간, 교사의 수업 및 생활지도 투여시간, 학교만족도 조사간의 상관관계를 조사할 것이다. 이를 바탕으로 각각의 단계가 서로 영향을 미치는 알 수 있을 것이다.

다. 면담 분석

충남교육청 고등학교 3개교를 대상으로 면담 분석을 실시하여 교무업무지원팀이 실제 학교에서 어떻게 운영되며, 각 단계는 서로 어떻게 영향을 미치는지 심층적으로 살펴볼 것이다. 이를 통해 고등학교 교무업무지원팀이 실제 교육적 효과를 나타내기 위한 발전 방안과 정책적 시사점을 도출하고자 한다.

4. 이론적 배경

교원의 직무는 법률과 제도적으로 명시되어 있지않다.(신현석 외, 2011). 따라서 교원의 직무에 관한 논의가 계속되고 있는 상황이다. 선행연구를 통해 교원의 직무는 교육활동 업무와 교육행정업무로 나눌 수 있으며(양지선, 2021), 교육활동 업무 중 수업과 생활지도는 교사의 본연 업무라고 할 수 있다. 교사가 본연의 업무를 저해하는 환경으로 행정업무 부담이 꾸준히 지적되고 있으며, 이를 해결하기 위해 학교업무정상화 정책이 시행되고 있다.

학교업무정상화 정책을 단순히 공문 감축과 같은 행정업무 감축에서 벗어나 행정업무 감소가 학교교육력제고로 이어질 수 있도록 교무행정지원인력 배치와 더불어 교무업무지원팀 구성을 통한 학교조직 개편이 실시되고 있다. 학교조직이 상위기관의 업무를 이행하고 수행하기 위한 업무위주의 조직에서 교육활동 중심으로의 변화하고 있는 것이다. 교무업무지원팀의 역할이 단순히 학교 행정업무를 몇몇사람이 책임지는 데에 그치는 것이 아니라 학교조직을 학습조직으로의 변화를 꾀하는 것이다.

학습조직이란 '구성원들이 진정으로 원하는 성과에 달성할 수 있도록 지속적으로 역량을 확대시키고, 새롭게 포용력 있는 사고능력을 함양하며, 집중된 열의가 자유롭게 설정되고, 서로 학습 방법을 공유하면서 지속적으로 배우는 조직'(김희규, 2013)이다. 대부분의 학교에서 교무업무지원팀 구성 및 운영을 하면 학교조직이 교무업무지원팀과 학년부로 나누어진다. 이를 통해 각 팀과 부서는 각 비전과 목표에 공유하며, 지속적으로 배우는 조직으로 변화하면서 학교의 교육력제고를 이끌어 낼 수 있을 것이다. 예를 들어, 교무업무지원팀인 교무부, 연구부, 교무행정지원인력이 같은 교무실에서 교육력제고라는 비전을 공유하면서 조정과 대화를 통해 행정업무를 추진하면 목표에 효과적으로 도달할 수 있을 것이다.

5. 참고문헌

· 김희규(2013). 학교공동체 형성을 위한 학습조직의 이론적 함의. 교육사상연구, 27(1), 69-91
· 권용수·정성수·최진식·이도석(2013). 학교 현장 교무행정인력의 역할 및 기능

에 관한 연구. 교육부
- 송진웅·나지연·임효진·정용재·김동건·김진희·장진아·조형미(2019). 서울미래학교 효과성 및 지속가능성 연구. 국회의원정영희·한국교원단체총연합회
- 신현석·황영남·이경호·가신현·황호진(2011). 교무실 업무분석을 통한 교원업무 조정방안 탐색. 교육문제연구, 41, 215-245
- 양지선(2021). 학교업무정상화 학년부제 운영 연구-서울특별시 일반계 고등학교 사례분석. 한국교원대학교 교육정책전문대학원
- 엄정연·오정란·정재균·조무현·박성자(2013), 혁신학교의 학교효과성 분석, 전라북도 교육연구정보원
- 유미현(2014). 초등교사의 업무부담 및 교무행정사 운영에 대한 인식. 춘천교육대학교 교육대학원. 석사학위 논문
- 유진은(2015). 양적연구방법과 통계분석. 학지사
- 이인회·정영수·박영숙·노재전·이지혜(2010). 교원업무경감을 위한 교무행정 업무처리 모형 개발 연구. 충북대학교 한국지방교육연구소
- 정연홍·박순걸·박재범·조국래·전지영·한성휘(2020). 학교업무적정화 정책 효과성 분석-경남 선도학교 운영을 중심으로. 경남교육청 교육연구정보원
- 정영수·김숙이·김이경·김민희·김민성·이강복·민병성·김영순(2011). 학교업무체계 효율화를 위한 교직원 직무분석. 충북대학교 한국지방교육연구소 연구보고서. 1-153